Mercedes OM 636

Handbuch und Ersatzteilkatalog

Mercedes OM 636

Handbuch und Ersatzteilkatalog

ISBN/EAN: 9783954271528
Erscheinungsjahr: 2012
Erscheinungsort: Bremen, Deutschland

© maritimepress in Europäischer Hochschulverlag GmbH & Co. KG, Fahrenheitstr. 1, 28359 Bremen. Alle Rechte beim Verlag und bei den jeweiligen Lizenzgebern.

www.maritimepress.de | office@maritimepress.de

Bei diesem Titel handelt es sich um den Nachdruck eines historischen, lange vergriffenen Buches. Da elektronische Druckvorlagen für diese Titel nicht existieren, musste auf alte Vorlagen zurückgegriffen werden. Hieraus zwangsläufig resultierende Qualitätsverluste bitten wir zu entschuldigen.

Mercedes OM 636

Handbuch und Ersatzteilkatalog

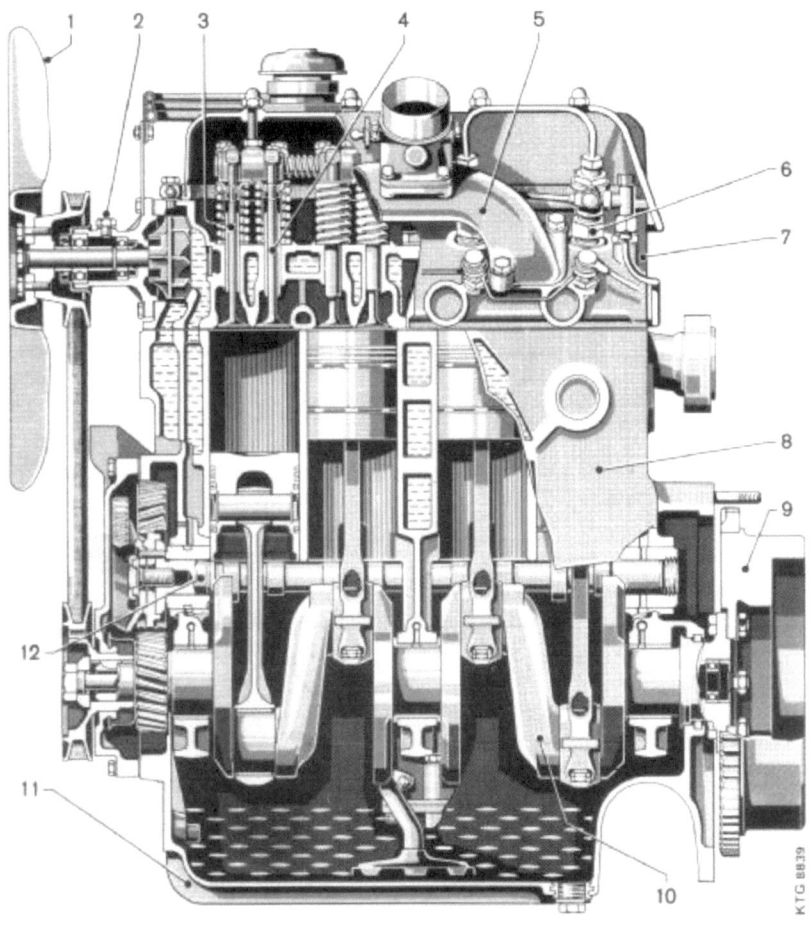

1 Lüfter
2 Kühlwasserpumpe
3 Auslaßventil
4 Einlaßventil
5 Luftansaugleitung
6 Einspritzdüse
7 Zylinderkopf
8 Zylinderkurbelgehäuse
9 Schwungrad
10 Kurbelwelle
11 Ölwanne
12 Nockenwelle

Abb. 1   OM 636 Längsschnitt

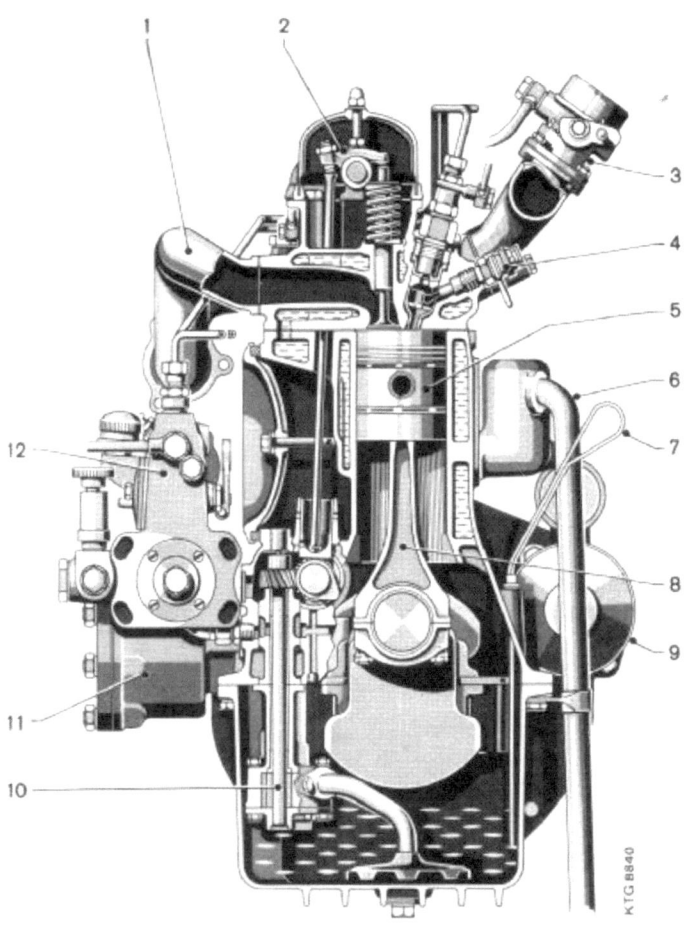

1 Auspuffkrümmer
2 Kipphebel
3 Klappenstutzen
4 Glühkerze
5 Kolben
6 Kurbelgehäuse-Entlüftung
7 Ölmeßstab
8 Pleuelstange
9 Anlasser
10 Ölpumpe
11 Liegendes Ölfilter
12 Einspritzpumpe

Abb. 2   OM 636 Querschnitt

Der MERCEDES-BENZ D i e s e l m o t o r O M 636 ist ein stehender, wasser-gekühlter Vierzylinder-Viertakt-Reihenmotor der nach dem DB-Vorkammer-verfahren arbeitet. In der folgenden Beschreibung des Motors bitten wir zu beachten, daß für die Nurnerierung der Zylinder und Lager die Räderkasten-seite, für die Drehrichtung sowie die Bezeichnungen "rechts" und "links" die Schwungradseite als Bezugspunkt gilt.

Z y l i n d e r k u r b e l g e h ä u s e; Das Zyl inderkurbel gehäuse aus Grauguß hat eingegossene Zylinder. Auf der rechten Motorseite sind die Einspritzpumpe mit dem Drehzahlregler und das Schmierölfilter angebaut. Auf der linken Seite liegen die Lichtmaschine, der Anlasser, der Ölmeßstab und das Entlüftungs-rohr fUr den Druckausgleich im Kurbelraum. An der Vorderseite befinden sich die mit einem Deckel verschlossenen, schrägverzahnten Antriebsräder für die Nockenwelle und die Einspritzpumpe. Die auf der rechten Motorseite liegende Stößelkammer ist durch einen Deckel verschlossen. Die Leichtmetallölwanne ist mit Sechskantschrauben unten an das Zylinderkurbelgehäuse angeschraubt.

Zy l i n d e r ko p f: Der gemeinsame Zylinderkopf aus legiertem Grauguß ist mit Sechskantschrauben auf dem Kurbelgehäuse befestigt. Eine Flachdichtung dichtet die Verbrennungsräume der Zylinder und die Kühlwasserdurchtritte vom Kurbelgehäuse zum Zylinderkopf ab. Die Ein- und Auslaßventile laufen in Grauguß-Führungsbuchsen. Der Zylinderkopf ist durch eine Leichtmetallhaube, die den Öleinfüllstutzen aufnimmt, abgedeckt.

Kurbe l we l l e: Die im Gesenk geschmiedete Kurbelwelle hat gehärtete Lagerstellen und ist dreifach hängend in Mehrstoff-Gleitlagern gelagert. Das mittlere Lager ist zugleich Paßlager. Gegengewichte an den Kurbelwangen gleichen die rotierenden Massenkräfte aus und tragen dadurch zur Entlastung der Kurbelwellenlager und zum ruhigen Lauf des Motors bei.

An dem dem Schwungrad entgegengesetzten Ende sind das Zahnrad für den Steuerungsantrieb und eine Keilriemenscheibe angebracht.

P l e u e l s t a n g e: Die geschmiedete Pleuelstange nimmt ein zweiteiliges Mehr-stoff-Gleitlager auf. In einer in das Pleuelauge eingepre3ten Bronzebuchse ist der Kolbenbolzen gelagert. Der Pleuellagerdeckel ist mit zwei Paßschrau-ben und Muttern an der Stange angeschraubt.

Ko l ben: Der Leichtmetallkolben hat 3 Verdichtungs- und 2 Ölabstreifringe. Der Kolbenbolzen ist schwimmend gelagert und durch zwei Seeger-Sicherungs-ringe gesichert. Der Kolbenboden ist muldenförmig ausgebildet.

Nockenwel l e: Die Nockenwelle ist dreifach in Leichtmetallagern im Kurbelgehäuse gelagert. Die im Gesenk geschmiedete Welle hat gehärtete Lagerstellen und Nocken und ist durch ein Bundlager auf der Antriebsseite gegen axiale Verschiebung gesichert. Das Bundlager sowie das zweite Lager sind geteilt und werden durch Sprengringe zusammengehalten. Der Antrieb der Nokkenwelle erfolgt von der Kurbelwelle über schrägverzahnte Räder.

Das zweite an der Nockenwelle angeschraubte Zahnrad dient zum Antrieb der Einspritz-pumpe und des Spritzverstellers.

Venti l e: Jeder Zylinder hat je ein hängend angeordnetes Ein- und Aus-laßventil. Die Ventile werden von der untenliegenden Nockenwelle über Stößel, Stoßstangen und Kipphebel gesteuert.

E i n s p r i t z o r g a n e: An der Einspritzpumpe ist die Kraftstoff-Förderpumpe mit der Handpumpe angeflanscht. Diese fördert den Kraftstoff vom Behälter über ein Filter zur Einspritzpumpe. Über gleichlange Druckleitungen wird der Kraftstoff zu den Einspritzdüsen (Zapfendüsen) gedrückt und, fein zerstäubt, in die Vorkammer gespritzt. Ein Teil des eingespritzten Kraftstoffes verbrennt in der Vorkammer. Die austretenden heißen Gase bewirken eine Drucksteige-rung und damit eine noch vollkommenere und gleichmäßigere Verbrennung des Dieselkraftstoff-Luftgemisches im Verbrennungsraum. Der Leckkraftstoff der Ein-spritzdüsen fließt über eine Sammelleitung in den Kraftstoffbehälter zurück.

Ein Fliehkraft- oder pneumatischer Drehzahlregler, der an die Einspritzpumpe angeflanscht ist, paßt die Kraftstoffmenge der jeweiligen Motorbelastung an
Ein auf Wunsch eingebauter automatischer Spritzversteller bewirkt mit stei-gender Drehzahl eine Vorverlegung des Einspritzzeitpunktes.

Schmieröl kreislauf: Das Schmieröl in der Ölwanne wird über ein Sieb von einer Zahnradpumpe angesaugt, die von unten an das Kurbelgehäuse an-geschraubt ist und über Schraubenräder von der Nockenwelle angetrieben wird. Die Pumpe fördert das Schmieröl über ein Spalt- oder Siebfilter zum Hauptöl-kanal. Von hier wird das Öl durch kleine Kanäle zu den Kurbelwellen- und Nockenwellenlagern gedrückt. Durch Bohrungen in der Kurbelwelle gelangt das Schmieröl zu den Pleuellagern. Vom ersten Nockenwellenlager steigt das Schmieröl über eine außen am Motor liegende Druckleitung in den Zylinder-kopf und weiter zu den Kipphebellagerböcken. Durch die hohlen Kipphebel-achsen werden die Kipphebellager sowie die Stoßstangen und Ventile mit Schmieröl versorgt. Einspritzpumpe mit Drehzahlregler und Kühlwasserpumpe haben Eigenschmierung. In Sonderfällen wird die Einspritzpumpe an den Schmier-ölkreislauf angeschlossen.

Ein Umgehungsventil im Schmierölfilter und ein Überdruckventil im Hauptöl-kanal schützen den Ölkreislauf vor Überlastung. Zylinderlaufbahnen, Kolben-bolzen, Zahnräder und Steuernocken werden durch Spritzöl geschmiert.

Durch ein Manometer kann der Schmieröldruck ständig überwccht werden.

Kühlstoffkreislauf: Eine über Keilriemen von der Kurbelwelle ange-triebene Kühlwasserpumpe saugt das im Kühler oder Wärmetauscher rückgekühlte Wasser an und drückt es ins Kurbelgehäuse.

Der Kühlstoff steigt an den Zylindern hoch, gelangt durch Bohrungen in den Zylinderkopf und durch einen Rohrkrümmer zum Thermostaten. Solange der Motor noch nicht betriebs-warm ist, fließt der Kühlstoff von hier durch eine Kurzschlußleitung direkt zur Kühlwasserpumpe zurück. Erst nach Erreichen der Betriebstemperatur ist der Thermostat voll geöffnet, und der Kühlstoff fließt durch die Rückkühl-einrichtung.

Bedienung

Erste Inbetriebnahme

Das bei konservierten Motoren in der Ölwanne vorhandene Erstbetriebsöl (Korrosionsschutzöl) ablassen. Weitere Entkonservierungsmaßnahmen sind nicht erforde r l i c h.

K ü h l w a s s e r mit l % Kühlwasserveredlungsmittel (Korrosionsschutzöl) veredeln und l a ngsam in den Kühler oder Anbauwärmetauscher einfüllen. Da-mit die Luft aus dem Kühlkreislauf entweichen kann, die Entlüftungsventile öffnen. Zuviel eingefüllter Kühlstoff fließt nach Erreichen der Betriebstempe-ratur durch den Überlauf ab.

S c hm i er ö l in den vorgeschriebenen Mengen in die Ölwanne und Einspritzpumpe einfüllen. Für die erste Füllung neuer oder grundüberholter Motoren ist Erstbetriebsöl zu verwenden (siehe Seite 53). Das Naßluftfilter mit Öl benet-zen oder,falls vorhanden,das Ölbadluftfilter bis zur Marke "Normal" auffüllen.

Die Gelenke des Reguliergestänges an der Einspritzpumpe und am Klappenstutzen mit einigen Tropfen Öl schmieren.

Wasserpumpenlager mit Öl füllen und Zusatzwasserpumpe, falls vorhanden, schmieren.

Die Zähne des Anlasserritzels und des Zahnkranzes auf dem Schwungrad, soweit möglich, mit Graphitfett einfetten.

Kraftstoff in den Vorratsbehälter einfüllen. Dabei darauf achten, daß Verunreinigungen ferngehalten werden. Wenn der Motor längere Zeit stillgelegen hat, den Behälter vorher entwässern. Absperrventil am Kraftstoffbehälter öffnen

1 Entlüftungsschrauben
2 Kraftstoffzuleitung

Abb. 3 Kraftstoff - Filter entlüften

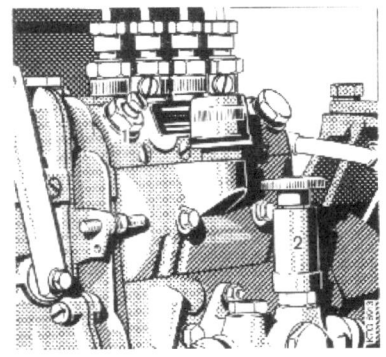
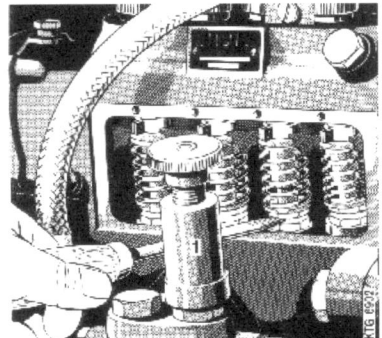

1 Entlüftungsschraube
2 Kraftstoff-Handpumpe

Abb. 4 Einspritzpumpe entlüften

1 Kraftstoff-Handpumpe

Abb. 5 Druckleitungen entlüften

und die Kraftstoffanlage, wie nachstehend beschrieben, entlüften.

Kraftstoffilter entlüften: Die Entlüftungsschraube(n) am Filterdeckel um eine bis zwei Umdrehungen herausschrauben. Die Handpumpe an der Kraft-stoff-Förderpumpe durch Linksdrehen der Rändelmutter lösen und solange pum-pen, bis der Kraftstoff an der Entlüftungsschraube blasenfrei austritt. Die Ent-lüftungsschraube(n) wieder festziehen und den Handpumpenkolben durch Rechts-drehen der Rändelmutter wieder festlegen.

Einspritzpumpeentlüften: Beide Entlüftungsschrauben um eine bis zwei Umdrehungen herausschrauben. Die Handpumpe an der Kraftstoff-Förderpumpe lösen und solange pumpen, bis der Kraftstoff an den Entlüftungsschrauben ohne Luftblasen austritt. Die Entlüftungsschrauben wieder festziehen und den Hand-pumpenkolben festlegen.

Druckleitungenentlüften: Nur erforderlich, wenn die Druckleitungen völlig leer sind und die Batterie nicht die volle Kapazität hat.

Den seitlichen Abschlußdeckel an der Einspritzpumpe abnehmen. Die Pumpen-elemente nacheinander mit einem geeigneten Werkzeug solange auf und ab bewegen, bis die dazugehörige Düse abspritzt. Die Pumpenkolben müssen da-bei jeweils im unteren Totpunkt und die Regelstange in Vollaststellung stehen. Nachdem alle 4 Leitungen entlüftet wurden, den seitlichen Abschlußdeckel unter Reachtung der Dichtfläche an der Pumpe wieder anbringen.

Sonstige Vorbereitungen: Sämtliche Schlauchverbindungen und Rohr-anschlüsse auf Dichtheit prüfen. Die Halterungen und Befestigungsschrauben der angebauten Aggregate sowie die Schrauben der Motorlagerung auf festen Sitz prüfen und evtl. nachziehen.

Beim Anschließen der Batterie und der elektrischen Leitungen auf oxydfreie Verbindungsteile achten.

Übliche Inbetriebnahme

Kühlstoffstand im Ausgleichsbehälter des Anbauwärmetauschers oder Kühlers prüfen. Wenn erforderlich, Kühlwasser nachfüllen, das vorher mit 0,5 % Kühlwasserveredlungsmittel (Korrosionsschutzöl) zu veredeln ist.

Kein kaltes Wasser in den betriebswarmen Motor einfüllen!

Schmieröl stand in der Ölwanne mit dem Meßstab prüfen und erforderlichenfalls ergänzen, d.h. bis zur oberen Strichmarke am Meßstab Öl nach-füllen. Der Meßstab ist auf normale Einbaulage des Motors geeicht.

Kraftstoffstand im Vorratsbehälter prüfen und ergänzen. Beim Einfüllen darauf achten, daß Verunreinigungen ferngehalten werden. Behälter nie rest-los leerfahren, da sonst die Kraftstoffanlage neu entlüftet werden muß.

Anlassen

Absperrventil am Kraftstoffbehälter öffnen. Schlüssel in den Schaltkasten stekken, dabei muß die rote Kontrollampe aufleuchten. Durch Drehen und Festhalten des Glüh-Anlaßschalters auf Stellung "1" die Glühkerzen einschalten und vorglühen. Die Dauer des Vorglühens ist sowohl von der Motor- als auch von der Umgebungstemperatur abhängig und schwankt zwischen mind. 30 Sekun-den bei über +8 °C und max. 2 Minuten bei unter – 8 °C (siehe auch Seite 15). Der Glühüberwacher darf nur rot glühen; wird er weißglühend, so liegt bei einer oder mehreren Glühkerzen Masseschluß vor, der schnellstens zu beheben ist.

Beim Anlassen eines betriebswarmen Motors braucht nicht vorgeglüht zu werden. Glüh-Anlaßschalter auf Stellung "2" drehen und festhalten, bis der Motor an-gesprungen ist; höchstens 15 Sekunden bei jedem Anlaßversuch. Nachdem der Motor angesprungen ist, den Schalter sofort loslassen – er muß automatisch in Stellung "0" zurückspringen. Während des Anlaßvorganges den Verstellhebel an der Einspritzpumpe auf Vollast stellen. Nach dem Anlaufen des Motors den Drehzahlverstellhebe, wenn möglich, in Leerlaufstellung zurücknehmen.

Sollte der Motor nicht anspringen, ist nach jedem Anlaßversuch eine Pause von ca 1 Minute einzulegen, um die Hatterie zu schonen.

Anlasser nicht betätigen, solange der Motor dreht!

Ist der Motor angelaufen, sofort den Öldruck am Manometer beobachten; er wird zunächst bei kaltem Motor über dem Normalwert liegen. Sinkt der Öl-druck bei betriebswarmem Motor jedoch unter den Mindestdruck von 0,5kg/cm² bei 650 U/min ab, ist die Schmierölversorgung nicht mehr gewährleistet und der Motor sofort abzustellen.

Wird der Motor das erste Mal oder nach längerer Stillegung in Betrieb ge-nommen, muß kvrz vor dem Anlassen das Schmieröl vorgepumpt werden. Hierbei ist die Kraftstoffzufuhr durch Betätigung des Stopphebels zu unterbrechen. Den Motor mit dem Anlasser einige Male durchdrehen, bis das Ölmanometer Druck anzeigt. Nach dem Anlassen, besonders bei niedrigen Temperaturen den Motor ca 5 Minuten mit mittlerer Drehzahl warmlaufen lassen, bevor er bela-stet wird.

Einlauf

Neue oder grundüberholte Motoren sind während der ersten 10 ßetriebsstunden möglichst nur kurze Zeit voll zu belasten, was für die Lebensdauer, Betriebs-sicherheit und Wirtschaftlichkeit des Motors von entscheidender Bedeutung ist. Auch während der Einlaufzeit sind die im Wartungsplan angegebenen Wartungs-arbeiten durchzuführen.

Betrieb

Überwachungsinstrumente wie Ölmanometer, Kühlstoff- Fernthermometer, Dreh-zahlmesser usw. regelmäßig beobachten.

Folgende Werte müssen eingehalten werden:

Kühlstofftemperatur *   max. dauernd   ss °C
max. kurzzeitig   90 °C

S c h m i e r. ö l – M i n d e s t d r u c k bei 650 U/min
und betriebswarmem Motor   0,5 kg/cm²

A b g a s s a m m e l t e m p e r a t u r bei 3000 U/min,
Dauerleistung B und 20 °C Ansauglufttemperatur   max. 600 ¿C

Mo tordre hzah l   bei Vollast   wie auf dem

Typenschild angegeben

*Wir empfehlen, die bei der ersten Inbetriebnahme unter Vollast sich ergebende Kfiühlstofftempe-
ratur als Vergleichsgrundlage zv notieren. Wenn nach längerer Betriebszeit diese Temperatur unter

gleichen Bedingvngen und bei gleicher Belastung um 5-10 °C höher liegt, muß die KOhlanlage
vnter Umständen gereinigt werden.

K r a f t s t o f f s t a n d kontrol l i eren. Den Kraftstoffbehäl ter nic ht leerfahren, da sonst die gesamte Kraftstoffanlage entlüftet werden muß.

Sc hm i e rö l stan d in der Ölwanne bei Dauerbetrieb alle 12 Stunden (möglichst bei Stillstand des Motors) kontrollieren und, wenn erforderlich, ergänzeg.

D i c hthe i t der Kraftstoff-, Schmieröl – und Kühlstoffleitungen sowie des Abgassammelrohres von Zeit zu Zeit überprüfen.

Abga strübung von Zeit zu Zeit beobachten. Bei normalen Betriebsverhältnissen dürfen die Abgase weder blau, weiß noch schwarz sein.

Bei stark schwankendem oder sinkendem Uldruck, bei abfallender Leistung oder Dreh-zahl, wenn der Motor stark oder stoßweise entlüftet, der AuspuR stark raucht oder die KühlstoRtemperatur stark steigt, ist der Motor in Gefahr und daher sofort abzustellen.

Abstellen ¿

Den Motor zunächst entlasten, die Drehzahl mit dem Verstellhebel allmählich verringern, so daß der Kühlstoff nicht aufgeheizt wird, dann erst abstellen.

Bei Störungen oder wenn der Betrieb es erfordert, darf der Motor sofort stillgesetzt werden.

Den Schlüssel aus dem Schaltkasten herausziehen und das Absperrventil am Kraftstoffbehälter schließen.

Winterbetrieb

Bei Eintritt der kalten Jahreszeit sind folgende Hinweise für die Betriebsstoffe und das Anlassen zu beachten.

Kra f tstoff siehe unter Abschnitt "Betriebsstoffe".

S c hm i e rö l rechtzeitig gegen ein dünnflüssigeres Winteröl SAE 10 W austauschen, falls die Außentemperatur über einen Zeitraum von mehreren Tagen unter 0° C sinkt. Wenn die Kälte nachläßt, kann das Öl ohne weiteres mit Sommeröl SAE 30 gemischt werden.

K ü h l s to f f rechtzeitig durch Beimengen eines Frostschutzmittels vor dem Ge-frieren schützen. Das Frostschutzmittel hat auf das veredelte Kühlwasser keinen nachteiligen Einfluß, siehe auch unter Abschnitt "Betriebsstoffe".

An l a ssen: Auch bei starker Kälte nicht länger als 2 Minuten vorglühen und 15 Sekunden anlassen! Nach dem dritten Startversuch muß der Anlaßvorgang für mindestens 2Minuten unterbrochen werden,damit sich die Batterie erholen kann.

Der B a t t e r i e ist während der kal ten Jahresze i t erhöhte Aufmerksamke i t zu schenken. Durch sorgfältige Wartung und geringen Stromverbrauch ist der volle Ladezustand anzustreben. Da sich die Anlaßkapazität bei Kälte stark verringert, soll die Batterie nach dem Abstellen des Motors ausgebaut und möglichst in einem geheizten Raum aufbewahrt werden.

Wartung

Entscheidend für die Einsatzbereitschaft und Lebensdauer Ihres Dieselmotors sind eine regelmäßige und sorgfältige Kontrolle, Schmierung und Reinigung. Wir bitten Sie daher in Ihrem Interesse, stets alle nachstehend aufgeführten Wartungsarbeiten nach dem Wartungsplan durchzuführen.

Der Motor kann entsprechend seinem Einsatz nach Betriebsstunden, Fahrkilometern oder nach dem Kraftstoffdurchsatz gewartet werden.

Wartung nac h Betr i ebsstunde n empfehlen wir für stationäre Motoren mit geringen Leerlaufzeiten und guter Auslastung, bei denen sich eine zuver-lässige Aufzeichnung der Betriebsstunden durchführen läßt, z.B. bei Motoren für Strom-, Pumpen-, Bohr-, Kompressor- und Schiffsantriebsaggregate.

W a r t u n g n a c h F a h r k i l o m e t e r n empfehlen wir für Motoren, d ie als An-triebsmaschinen in Kraftfahrzeugen eingebaut sind, deren Durchschnittsgeschwindigkeit bei 30 km/h liegt und bei denen der Motor bei stehendem Fahrzeug nicht zusätzlich zu größeren Arbeitsleistungen verwendet wird, z.B. bei Motoren für Lastwagen, Omnibusse und Triebwagen, dagegen nicht für Müllwagen, Löschfahrzeuge mit Motorpumpe oder ähnliche Kraftfahrzeuge.

War tung na c h de m Kraftstof fdur c hsa tz empfehlen wir für Motoren mit stark wechselnder Belastung oder langen Leerlaufzeiten, z.B. für Motoren für Müllwagen, Betonmischer ohne separaten Antrieb, Bagger, Kräne, landwirtschaftliche Geräte usw. Diese Art der Wartung läßt sich aber auch bei Motoren durchführen, die an und für sich nach Betriebsstunden gewartet werden könnten.

Die vorgeschriebenen Termine und Arbeiten gelten für den normalen Betrieb. Außergewöhnliche 8edingungen erfordern unter Umständen andere Wartungster-mine. So muß z.B. bei starkem Staubanfall das Luftfilter evtl. täglich gereinigt werden, auch kann die äußere Reinigung der Rückkühlanlage in kürzeren Zeit-abständen als angegeben notwendig werden. Bei Notstromaggregaten mit sehr geringer Betriebszeit ist das Schmieröl mindestens einmal jährlich zu wechseln.

Die Wartungsvorschriften für das evtl. angebaute Sonderzubehör bitten wir, ebenfalls zu beachten.

Wartungsarbeiten und Termine
Auf der folgenden Seite sind die ertorderlichen Wartungsarbeiten den jeweilig auf Betriebsstunden abgestimmten Turnussen A – F zugeordnet. Alle nach einer bestimmten, vorgeschriebenen Betriebsstundenzahl durchzuführenden Arbe iten sind in dem Turnuswinkel durch schwarze Felder gekennzeichnet.

Die genaue Anleitung für alle Wartungsarbeiten finden Sie im folgenden Abschnitt unter gleichen Positionsnummern.

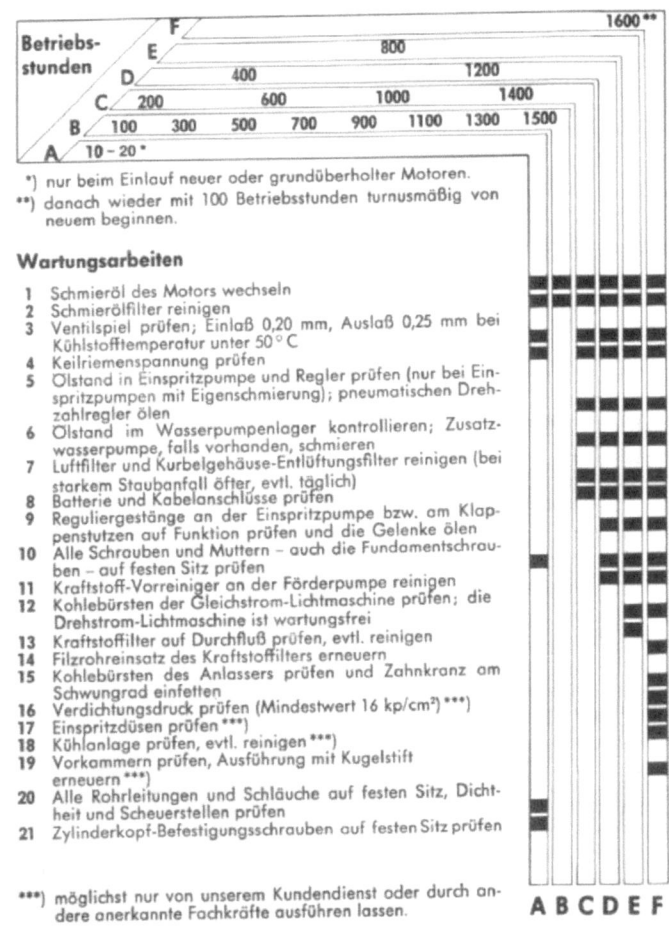

*) nur beim Einlauf neuer oder grundüberholter Motoren.
**) danach wieder mit 100 Betriebsstunden turnusmäßig von neuem beginnen.

Wartungsarbeiten

1 Schmieröl des Motors wechseln
2 Schmierölfilter reinigen
3 Ventilspiel prüfen; Einlaß 0,20 mm, Auslaß 0,25 mm bei Kühlstofftemperatur unter 50° C
4 Keilriemenspannung prüfen
5 Ölstand in Einspritzpumpe und Regler prüfen (nur bei Einspritzpumpen mit Eigenschmierung); pneumatischen Drehzahlregler ölen
6 Ölstand im Wasserpumpenlager kontrollieren; Zusatzwasserpumpe, falls vorhanden, schmieren
7 Luftfilter und Kurbelgehäuse-Entlüftungsfilter reinigen (bei starkem Staubanfall öfter, evtl. täglich)
8 Batterie und Kabelanschlüsse prüfen
9 Reguliergestänge an der Einspritzpumpe bzw. am Klappenstutzen auf Funktion prüfen und die Gelenke ölen
10 Alle Schrauben und Muttern – auch die Fundamentschrauben – auf festen Sitz prüfen
11 Kraftstoff-Vorreiniger an der Förderpumpe reinigen
12 Kohlebürsten der Gleichstrom-Lichtmaschine prüfen; die Drehstrom-Lichtmaschine ist wartungsfrei
13 Kraftstoffilter auf Durchfluß prüfen, evtl. reinigen
14 Filzrohreinsatz des Kraftstoffilters erneuern
15 Kohlebürsten des Anlassers prüfen und Zahnkranz am Schwungrad einfetten
16 Verdichtungsdruck prüfen (Mindestwert 16 kp/cm²) ***)
17 Einspritzdüsen prüfen ***)
18 Kühlanlage prüfen, evtl. reinigen ***)
19 Vorkammern prüfen, Ausführung mit Kugelstift erneuern ***)
20 Alle Rohrleitungen und Schläuche auf festen Sitz, Dichtheit und Scheuerstellen prüfen
21 Zylinderkopf-Befestigungsschrauben auf festen Sitz prüfen

***) möglichst nur von unserem Kundendienst oder durch andere anerkannte Fachkräfte ausführen lassen.

A B C D E F

Umrechnungszahlen für den Wartungsturnus nach Fahrkilometern und Kraftstoffverbrauch: 1 Betriebsstunde gleich 30 Kilometer oder 6 Liter

Anleitung zu den Wartungsarbeiten

1 Schmieröl des Motors wechseln
Schmieröl noch bei betriebswarmem Motor aus der Ölwanne ablassen. Hierzu die Ablaßschraube am Boden der Ölwanne herausschrauben. Ablaßschraube mit neuem Dichtring wieder einschrauben. Vor dem Neufüllen des Motors ist jedoch das Ölfilter zu reinigen. Dabei ist das Filter auf Metallspäne zu untersuchen. Werden Meta1lspäne gefunden, muß der Motor umgehend auI3er Betrieb gesetzt und der Schaden behoben werden. Vorgeschriebenes HD-Öl in der angegebenen Menge durch den Einfüllstutzen in der Zyl inderkopfhaube in den Motor einfüllen.

2 Schmierölfilter reinigen

L i egendes Ö l f i l ter: Muttern am Filterdeckel abschrauben und diesen mit dem Einsatz vorsichtig aus dem Gehäuse herausziehen. Unter das Gehäuse ein geeignetes Ölauffangblech legen. Den Einsatz zerlegen und die Filter-spule in Waschbenzin oder Dieselkraftstoff mit einem Pinsel reinigen und, wenn möglich, mit Preßluft durchblasen. Filtereinsatz zusammenbauen und mit Deckel vorsichtig in das Gehäuse einsetzen. Auf einwandfreie Dichtungachten, bei Beschädigung erneuern. Muttern wieder festziehen.

Hängendes Ölfilter: Sechskantschraube unten aus dem Filtertopf herausschrauben und den Topf nach unten abnehmen. Den Filtertopf durch Lösen der Mutter öffnen und Auslaufring sowie Siebmantel herausnehmen und in Waschbenzin oder Dieselkraftstoff mit einem Pinsel reinigen und, wenn möglich, mit Preßluft durchblasen. Filtertopf wieder zusammenbauen und mit neuem Dichtring in den Filterträger einsetzen. Sechskantschraube von unten in den Topf stecken und festziehen.

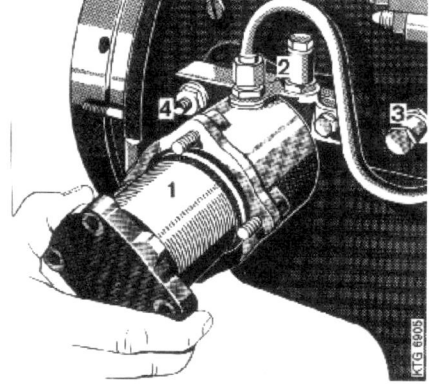

1 Filtereinsatz

2 Umgehungsventil im Ölfilter
3 Überdruckventil im Hauptölkanal
4 Anschluß fUr Ölmanometer

Abb. 6 Liegendes Ölfilter reinigen

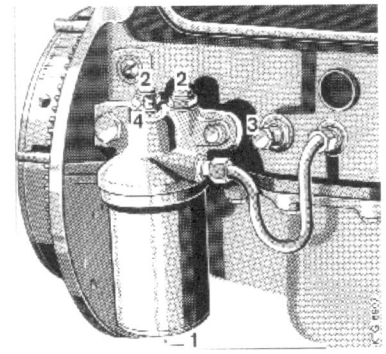

1 Befestigungsschraube für Filtertopf
2 Umgehungsventile im Filter
3 Überdruckventil im Hauptölkanal
4 Anschluß für Ölmanometer

Abb. 7 Hängendes Ölfilter reinigen

3 Ventilspiel prüfen

Unter Ventilspiel versteht man den Abstand zwischen dem Ventilschaftende und dem Kipphebel; das .Ventilspiel wird mit der Fühlerlehre geprüft (Ventilspiel siehe Seite 44). Zum Prüfen zunächst die Zylinderkopfhaube abnehmen und das Schwungrad in Drehrichtung soweit drehen, bis der Kolben des Zylinders Nr.1 im Zündtotpunkt steht, d.h. beide Ventile geschlossen sind. Eine Fühlerlehre mit entsprechender Stärke zwischen Ventilschaftende und Kipphebel schieben und das Ventilspiel prüfen. Bei richtiger Einstellung muß sich die Fühlerlehre satt herausziehen lassen. Ist das Spiel zu groß oder zu klein, Gegenmutter lösen und Einstellschraube so weit nachstellen, bis sich die Fühlerlehre bei angezogener Gegenmutter satt herausziehen läßt.

Sind beide Ventile geprüft oder neu eingestellt, das Schwungrad in Drehrichtung weiterdrehen, bis der nächste Zylinder, entsprechend der Einspritzfolge 1-3-4-2, im Zündtotpunkt steht.

1 Spezialschlüssel 000 589 64 09
2 Einstellschraube
3 Gegenmutter
4 Fühlerlehre

Abb. 8 Ventilspiel prüfen

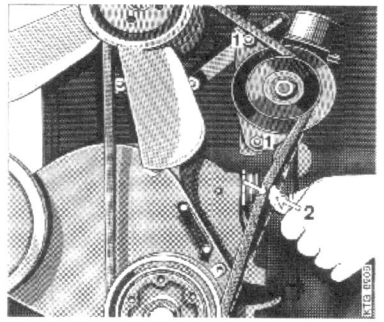 

1 Feststellmuttern am Lichtmaschinen-Halter
2 Richtige Keilriemenspannung, ca 1,5 cm

Abb. 9 Keilriemenspannung prüfen

1 Öleinfüllschraube
2 Ölstandskontrollschraube

Abb. 10 E-Pumpe mit Fliehkraftregler

Die Zylinderkopfhaube mit einwandfreier Gummidichtung wieder aufsetzen und festziehen.

4 Keilriemenspannung prüfen
Der Keilriemen zum Antrieb der Kühlwasserpumpe und der Lichtmaschine muß stets so gespannt sein, a er sic in t ' d ß e sich in der Mitte zwischen den Auflagepunkten

nung nachgelassen, muß der Keilriemen nachgespannt werden. Dazu die Sec s-kantschrauben am Lichtmaschinenträger und am Lichtmaschinenhalter ösen un die Lichtmaschine nach außen schwenken. Schrauben festziehen und Spannung des Keilriemens nochmals prüfen. Beim Auflegen eines neuen Riemens keine Gewalt anwenden (Schraubenzieher usw.) sondern Lichtmaschinenhalterung lösen! Den neuen Keilriemen nach etwa 15 Minuten Laufzeit nachspannen.

Keilriemen und Riemenscheiben müssen sauber und trocken sein, sie dürfen niemals mit Benzin, Dieselkraftstoff oder ähnlichen Flüssigkeiten gereinigt werden, sondern mit lauwarmer Seifenlösung.

5 Ölstand in Einspritzpumpe und Regler prüfen
Den Ölmeßstab der Einspritzpumpe herausziehen und Ölstand prüfen. Wenn erforderlich, Schmieröl bis zur oberen Marke am Ölmeßstab nachfüllen. Bei

Einspritzpumpen o ne e s a
f ' h e Meßstab ist der Ölstand an der Kontrollschraube am
Regler zu prüfen und nötigenfalls über die Einfüllschraube zu ergänzen. In den pneumatischen Regler am Klappöler ca 1 cm Schmieröl einfüllen. Bei

Einspri zpump, ie an e E' 't en die an den Motor-Schmierölkreislauf angeschlossen sind, ent- fällt die Ölstandskontrolle.

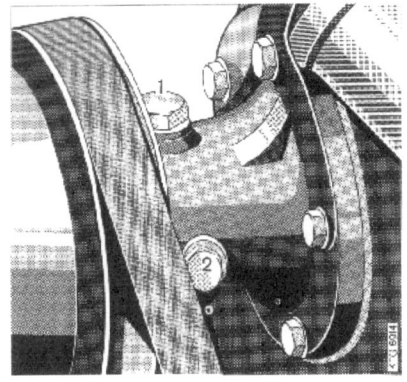

1 Öleinfüllschraube
2 Ölstandskontrollschraube

Abb. 11 Kühlwasserpumpe ölen

6 Ölstand im Wasserpumpenlager kontrollieren, Zusatzwasserpumpe, falls vorhanden, schmieren
Den Ölstand an der Kontrollschraube prüfen und, wenn erforderlich, über die Einfüllschraube ergänzen. Darauf achten, daß die Entlüftungsbohrung in der Einfüllschraube nicht verstopft ist. Die Zusatzwasserpumpe mit der Fettpresse schmieren (entfällt bei Motoren mit Kühler und Ventilator).

7 Luftfilter und Kurbelgehäuse-Entlüftungsfilter reinigen
Naßluftfilter: Spannverschlüsse oder Flügelmutter lösen und Filteroberteil mit Einsatz vom Unterteil abnehmen. Den Einsatz in Dieselkraftstoff auswaschen und, wenn möglich, mit Preßluft ausblasen.

Nach dem Trocknen den Einsatz gleichmäßig mit Schmieröl benetzen (Aufspritzen oder Eintauchen) und abtropfen lassen. Filterunterteil mit einem benzingetränkten Lappen auswischen. Ober- und Unterteil zusammensetzen und Spannverschlüsse befestigen oder Flügelmutter festziehen.

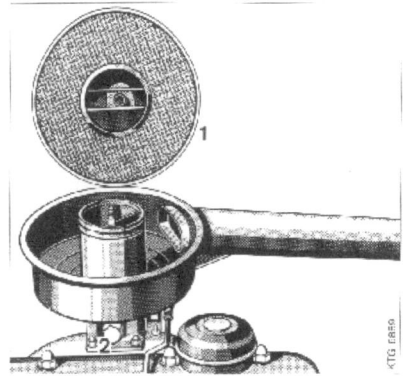

1 Filteroberteil mit Einsatz
2 Befestigungsschraube

Abb. 12 Naßluftfilter reinigen

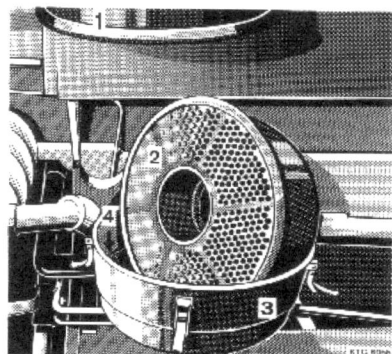

1 Filtergehäuse-Oberteil
2 Filtereinsatz
3 Filtergehäuse-Unterteil
4 Normalstand-Marke

Abb. 13 Ölbadluftfilter reinigen

Ö l b a d l u f t f i l t e r: Bei starkem Sfaubanfal l muß die Ölfüllung im Fi lter öfter, evtl. sogar täglich bei stehendem, kaltem Motor kontrolliert werden. Dazu Spannverschlüsse lösen und Filtergehäuse-Unterteil mit Einsatz abnehmen. Ist das Öl infolge Verschlammung stark eingedickt oder hat es die Marke Höchststand erreicht, muß das Öl gewechselt werden. Den Filtereinsatz in Dieselkraftstoff – nicht in 8enzin, Wasser, laugen- bzw. säurehaltigen Reinigungsflüssigkeiten – auswaschen und ausschleudern. Wenn vorhanden, mit Preß-luft ausblasen. Schmieröl bis zur Marke "Normal" einfüllen und Filtergehäuse-Unterteil mit Einsatz wieder anbauen. Dabei auf die Dichtung achten; bei Reschädigung erneuern.

8 Batterie und Kabelanschlüsse prüfen
Die Hatterie sauber und trocken halten. Entlüftungslöcher in den Verschlußstopfen der Zellen müssen stets offen sein, damit die bei der Ladung entstehenden Gase ungehindert abziehen können.

Sind die Pole oder Anschlußklemmen verschmutzt, diese lösen, reinigen und mit einem säurefreien und säurebeständigen Batterieklemmenfett einfetten, damit Korrosion vermieden wird.

Kein Benzin, Öl oder Fett mit der Vergußmasse der Batterie in Verbindung bringen. Werkzeuge nicht auf die Batterie legen und offenes Licht fernhalten.

S äurestand der einzelnen Zellen prüfen. Die Säure muß ca 10 mm über dem oberen Plattenrand stehen, gegebenenfalls destilliertes Wasser nachfüllen. Zum Einfüllen keinen Metalltrichter verwenden! Während der warmem Jahres-zeit ist der Säurespiegel ca alle 2 Wochen zu kontrollieren.

S ä ure d i c h t e der einzelnen Zellen mit einem Säureprüfer (Aräometer) messen. Die Meßwerte geben über den Ladezustand der Hatterie Aufschluß, siehe nachstehende Tabelle. Falls der Säurestand ergänzt wurde kann eine Dichtemessung erst eine halbe Stunde danach vorgenommen werden. Die Säuretemperatur soll beim messen 20-27 °C betragen.

Säuredichte		Spez. Gewicht		Ladezustand
Normal	Tropen	Normal	Tropen	
32° Be	2P' Be	1,285	1,23	Hatterie gut geladen
24° Be	16° Be	1,21	1,12	Batterie halb geladen
14° Be	13° Be	1,11	1,08	Batterie leer, sofort aufladen

Wenn größere Unterschiede in der Säuredichte der einzelnen Zellen auftreten, oder wenn die 8atterie entladen ist, muß sie von einem Hatterie-Wartungsdienst geprüft und aufgeladen werden. Auch unbenutzte Batterien sollen von Zeit zu Zeit geprüft werden, damit sie betriebsfähig bleiben.

9 Reguliergestänge an Einspritzpumpe oder Klappenstutzen prüfen

Das Reguliergestänge an der Einspritzpumpe oder am Klappenstutzen auf Funk-tion und Leichtgängigkeit prüfen und die Gelenke mit einigen Tropfen Schmier-öl schmieren. Evtl. angebaute Seilzüge von Zeit zu Zeit mit normalem Ab-schmierfett einfetten.

10 Alle Schrauben und Muttern auf festen Sitz prüfen

Sämtliche Schrauben und Muttern der angebauten Aggregate und Teile auf festen Sitz prüfen, wenn erforderlich, nachziehen. Dabei auf das eventuell vorgeschriebene Anzugsdrehmoment achten. Die Schrauben oder Muttern der Motorlagerung sind ebenfalls zu prüfen. Bei Undichtheiten sind die entsprechenden Schrauben nachzuziehen.

11 KraftstoR-Vorreiniger säubern

Absperrventil am Kraftstoffbehälter schl ießen. Rändelmutter lösen und den Spann-bügel hochschwenken. Das Gehäuse mit dem Drahtgewebe-Einsatz nach unten abnehmen. Einsatz und Gehäuse in sauberem Benzin oder Dieselkraftstoff mit einem weichen Pinsel reinigen. Verhärteten Dichtring rechtzeitig austauschen, damit keine Luft angesaugt werden kann. Beim Zusammenbau muß der Spann-bügel geradesitzen, damit das Gehäuse nicht verklemmt. Spannmutter fest an-ziehen. Absperrventil am Kraftstoffbehälter wieder öffnen. 8ei starker Ver-schmutzung des Vorreinigers muß bei nächster Gelegenheit der Kraftstoffbe-hälter gereinigt werden.

Anmerkung: Motor mit Dre hstrom - L i c htmasc h i ne nur mit angeschlossener Batterie anlassen oder anschleppen! Polklemmen erst lösen, wenn Motor nicht mehr dreht! Spannungsmessung nur mit PrOflampe

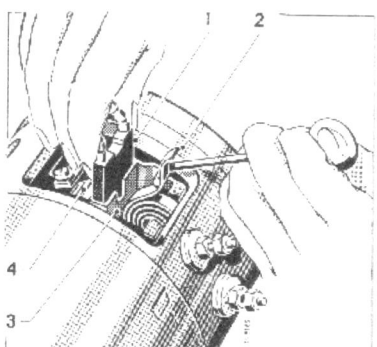

1 Kraftstoff-Förderpumpe
2 Kraftstoff-Vorreiniger

Abb. 14 Kraftstoff - Vorreiniger

1 Kohlebürste 3 Kohlebürstenhalter
2 Feder 4 Kollektor

Abb. 15 Kohlebürsten prüfen

12 Kohlebürsten der Gleichstrom-Lichtmaschine prüfen*
Minuskabel an der Batterie abklemmen und Verschlußband von der Lichtmaschine abnehmen. Mit einem Haken die Federn, die die Kohlebürsten auf den Kollektor drücken, abheben und prüfen, ob sich die Bürsten in ihren Führungeq leicht bewegen lassen. Verschmutzte oder klemmende Kohlebürsten sind mit einem sauberen, benzingetränkten Lappen zu reinigen. Blanke Schleif-flächen nicht mit Schmirgelleinen, Feile oder Messer bearbeiten! Den Bürsten-halter gut ausblasen. Stark abgenützte, ausgelötete oder gebrochene Kohle-bürsten satzweise gegen neue gleichen Typs auswechseln. Beim Einsetzen müssen die Bürsten trocken sein. Sie müssen sich in ihren Führungen leicht bewegen lassen und die Feder darf beim Einsetzen nicht auf die Kohlebürste aufschlagen. Die Oberfläche des Kollektors soll gleichmäßig glatt, ohne Riefen und grauschwarz in der Färbung sein. Falls die Oberfläche nicht frei von Staub, Öl oder Fett ist, muß sie mit einem sauberen, in Benzin getränkten Lappen gereinigt werden. Ist der Kollektor riefig oder unrund geworden, muß er in einer Spezialwerkstatt überdreht werden - auf keinen Fall darf er mit Schmirgel-papier oder Feile bearbeitet werden. Lichtmaschine mit Klappöler ölen.

13 Kraftstoffilter auf Durchfluß prüfen evtl. reinigen
P r ü f e n a u f D u r c h f l u ß . Entlüftungsschraube am Fi l terdeckel einige Um-drehungen herausdrehen, Rändelmutter der Handpumpe an der Kraftstoff-Förder-pumpe lösen und den Pumpenkolben einige Male betätigen. Dabei muß Kraft-stoff in kräftigem Strahl an der Entlüftungsschraube ausströmen. Fliei3t der Kraftstoff nur schwach aus, muß das Filter, wie nachsfehend beschrieben, ge-reinigt werden.

* siehe Fußnote Seite 24

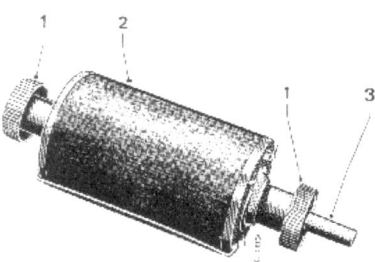

1 Entlüftungsschraube
2 Spannmutter
3 Ablaßschraube

Abb. 16 Kraftstoff-Filter reinigen

1 Reinigungsvorrichtung Typ EFEP
2 Filzrohreinsatz
3 Röhrchen für Lufteintritt

Abb. 17 Reinigungsvorrichtung

Reinigen des Filters:
Das Absperrventil am Kraftstoffbehälter schließen. Bevor der Einsatz herausgenommen wird, muß das Filtergehäuse entleert werden. Dazu die Entlüftungs-schraube öffnen und die Schlammablaßschraube herausdrehen. Spannmutter lösen, Gehäusedeckel abnehmen und den Filzrohreinsatz herausziehen.

Be h e l fs m ä ß i g e Re i n i g u n g (kommt nur in Frage, wenn keine Vorrichtung wie z. B. BOSCH EFEP nc-h Abbildung 17 vorhanden ist).

Den Filzrohreinsatz auf beiden Seiten mit geeigneten Stopfen verschließen, damit die Reinigungsflüssigkeit nur durch den Filz in das Innere des Einsatzes gelangen kann. Einsatz mit einer weichen, nichtmetallischen Bürste in Diesel – kraftstoff oder Petroleum abbürsten, ausschwenken und nochmals in sauberer Reinigungsflüssigkeit nachspülen.

Gründ l i c he Re i n i gung (mit einer Vorrichtung z. B. ROSCH EFEP nach Abbildung 17). Vorrichtung anschließen und den Filzrohreinsatz mit einer weichen, nichtmetallischen Bürste in Dieselkraftstoff oder Petroleum abbürsten und ausschwenken. Das Röhrchen der Vorrichtung muß beim Untertauchen zu-gehalten werden. Den Einsatz in sauberer Reinigungsflüssigkeit vollsaugen lassen und mit Preßluft oder mit dem Mund durchblasen, bis sich außen am Filzrohr Schaumblasen bilden. Den Einsatz abspülen und wieder vollsaugen lassen. Diesen Vorgang vier- bis fünfmal wiederholen.

Den Filzrohreinsatz wteder in das ausgewaschene Gehäuse einsetzen, Deckel mit einwandfreier Dichtung aufsetzen und mit der Spannschraube festziehen.

Absperrventil am Kraftstoffbehälter öffnen und mit der Handpumpe solange Kraftstoff vorpumpen, bis an der Entlüftungsschraube Kraftstoff austritt. Entlüftungsschraube schließen.

14 Filzrohreinsatz des KraftstoRilters erneuern

Die Hinwe'ise über den Aus- und Einbau des Einsatzes sind untcr der Wariungs-arbeit 13 "Kraftstoffilter auf Durchfluß prüfen, evtl. reinigen" beschrieben.

15 Kohlebürsten des Anlassers prüfen
Für das Prüfen, Reinigen und evtl. Auswechseln der Kohlebürsten, sowie für das Reinigen des Kollektors gelten die gleichen Hinweise,wie unter Wartungsarbeit 12 "Kohlebürsten der Lichtmaschine prüfen" beschrieben.

Das Anlasserritzel und den Zahnkranz des Schwungrades mit einer in Kraftstoff getauchten Bürste reinigen und mit Qraphitfett einfetten. Auftretende Grat-bildung an Ritzel und Zahnkranz mit einer Feile beseitigen.

16 Verdichtungsdruck prüfen
Diese Wartungsarbeit sollte möglichst nur von unserem Kundendienst oder durch andere anerkannte Fachkräfte ausgeführt werden!

Das Ventilspiel des Motors prüfen und gegebenenfalls einstellen. Den Motor betriebswarm fahren. Die Stromschienen abbauen und alle Glühkerzen herausschrauben. Den Motor bei unterbrochener Kraftstoffzufuhr einige Male mit dem Anlasser durchdrehen, damit etwaige Ölkohlerückstände und Ruß entfernt werden, die den Kompress ionsdruc ksc hre i ber verstopfen könnten. Das Anschlußstück mit dem Dichtring in die Glühkerzenbohrung einschrauben und den Kompressionsdruckschreiber mit der Verlängerung anschließen. Das Meßblatt im Schreiber in die Stellung entsprechend dem zu messenden Zylinder rücken. Den Motor bei voll geöffneter Regelklappe und unterbrochener Kraft-

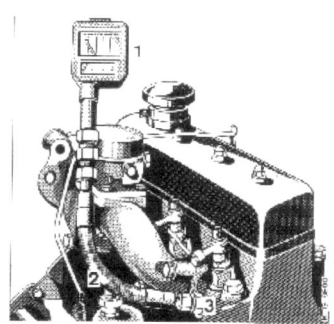

1 Kompressionsdruckschreiber
2 Verlängerungsstück
3 Anschlußstück

Abb. 18 Verdichtungsdruck prüfen

stofförderung einige Male durchdrehen. Die Dauer der Messungen ist bei allen Zylindern möglichst gleichzuhalten. Wird der Mindestwert (siehe Seite43) nicht erreicht, müssen der Zylinderkopf abgenommen und die Ventildichtheit, die Zylinderkopfdichtung, Kolben und Kolbenringe überprüft werden. Die Glüh-kerzen vor dem Einbau reinigen, prüfen und bei Beschädigung erneuern.

17 Einspritzdüse prüfen

E i n s p r i t z d ü s e a u s b a u e n: Die Überwurfmutter zur Befestigung der Dr.uck-leitung und die Leckkraftstoffleitung von der Einspritzdüse obschrauben. Beim Lösen des Ringanschlußes den Düsenhalter mit einem Gabelschlüssel gegen Ver-drehen sichern. Düsenhalter mit Steckschlüsseleinsatz 312 589 00 09 aus der Vorkammer herausschrauben und die Dichtung (Düsenplättchen) herausnehmen.

Einspri tzdüse re i nigen und prüfen: Den Düsenhalter äußerlich in Dieselkraftstoff reinigen. Überwurfmutter abschrauben und die Düse ausbauen. Die Instandsetzung der Düse sollte möglichst nur von unserem Kundendienst oder durch andere anerkannte Fachkräfte durchgeführt werden!

E i n s p r i t z d ü s e e i n b a u e n: * Den Motor kurz durchdrehen, damit Verun-reinigungen herausgeblasen werden. Neues Düsenplättchen in die Vorkammer einlegen. Düsenhalter mit einer neuen oder instand gesetzten Düse in die Vor-kammer einschrauben vnd mit dem Steckschlüsseleinsatz mit dem vorgeschriebe-nen Drehmoment (siehe Seite 46) festziehen. Druck- sowie Leckkraftstofflei-tung spannungsfrei anschließen und bei laufendem Motor auf Dichtheit prüfen.

18 Kühlanlage prüfen, evtl. reinigen

Die Kühlanlage muß gereinigt werden, wenn die Kühlstofftemperatur unter gleichen Betriebsbedingungen und bei gleicher Motorbelastung, einwandfreier Keilriemenspannung und intaktem Thermostaten um 5-10 °C gegenüber der Temperatur bei der ersten Inbetriebnahme gestiegen ist.

Äußere Reinigung:
Küh l er: Bei leichter, ölfreier Verschmutzung genügt es, den Kühler von der Motorseite her mit einem Wasserstrahl abzuspritzen oder mit Preßluft durch-zublasen. Ist der Kühler stärker verschmutzt, abbauen und mit ¿¿¿¿ 3-5%igen Reinigungsflüssigkeit (P3 – oder Sodalösung) gründlich reinigen. Danach den Kühler mit klarem Wasser abspülen und, wenn möglich, mit Preßluft durch-blasen.

innere Reinigung:
Den gesamten Kühlstoff ablassen. Die Kühlanlage mit sauberem, unveredeltem Wasser füllen, das mit 3-5 % (300 bis 500 g avf 10 Liter Wasser) eines handels-

*Diese Arbeit erst vornehmen, wenn Wartungspunkt 19 "Vorkammer prüfen" ausgeführt ist.

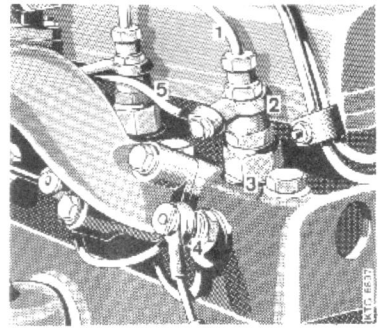

1 Druckleitung
2 Ringanschluß
3 Düsenhalter
4 Glühkerze
5 Leckkraftstoffleitung

1 Entlüftungsleitung

Abb. 19 Einspritzdüse, eingebaut   Abb. 20 Zylinderkopf - Entlüftung

üblichen, alkalisilikathaltigen Reinigungsmittels(z.B. P3 Dimal 220, Grisiron LZ bzw. WZ usw.) gemischt wird. Mit dieser Lösung den Motor ca 3 Stunden in Betrieb nehmen. Dann die Reinigungsflüssigkeit, ablassen und nachdem der Motor abgekühlt ist, diesen dreimal mit sauberem Wasser durchspülen. Mit der dritten Füllung den Motor betriebswarm fahren, anschließend das Wasser ablassen.

Wärmetauscher: Den seitlichen Verschlußdeckel (Rohwassereintritt) abschrauben. Bei normaler Verschmutzung genügt eine mechanische Reinigung, ohne daß das Kühlelement ausgebaut werden muß. Bei starker Verschmutzung den kompletten Wärmetauscher abbauen und beide Verschlußdeckel abschrauben, um das Kühlelement herausziehen zu können. Das Element mit einer heißen alkalischen Lösung (P3 – oder Sodalösung) gründlich reinigen und mit klarem Wasser abspülen. I3eim Zusammenbau müssen die O-Ringe im Rohwasseraustritts-deckel erneuert und die Reihenfolge: R<>hwasseraustrittsdeckel-Kühlelement-Rohwassereintrittsdeckel eingehalten werden.

Die Kühlanlage nach Vorschrift mit veredeltem Kühlwasser füllen. Achtung! Kein kaltes Wasser in den heißen Motor einfüllen.

Die Entlüftungsleitung zwischen Zylinderkopf und Kühlstoff-Austrittsstutzen (siehe Abb. 20) auf Durchgang prüfen.

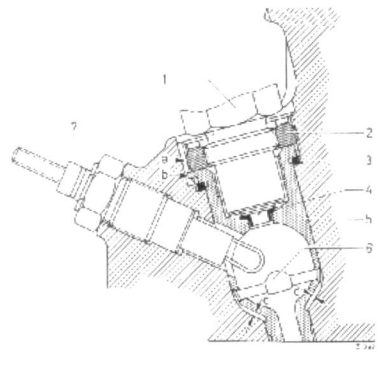 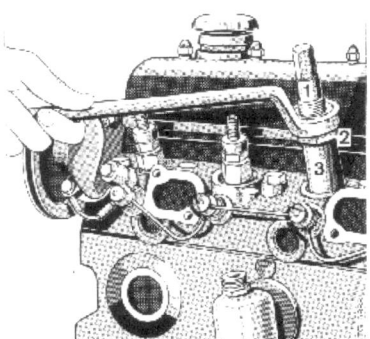

1 Einspritzdüse 3 Dichring
2 Gewindedruckring 4 Düsenplättchen
5 Vorkammer (mit Kugelstift)
6 Kugelstift a = Nut
7 Glühkerze b = Nase

1 Spezialschlüssel 636 589 01 63
2 Sechskantmutter
3 Zapfenschlüssel 636 589 01 07 oder 02 07

Abb. 21 Schnitt durch die Vorkammer   Abb. 22 Gewindering herausschrauben

19 Vorkammer prüfen, Ausführung mit Kugelstift erneuern
Diese Arbeit sollte nur von unserem Kundendienst oder durch andere anerkannte Fachkräfte mit dem erforderlichen Sonderwerkzeug durchgeführt werden.

Zuerst die Einspritzdüse, wie in Wartungsarbeit 17 beschrieben, ausbauen. Die Stromschienen an allen 4 Glühkerzen abnehmen und die Glühkerze mit einem Steckschlüssel SW 21 herausschrauben.

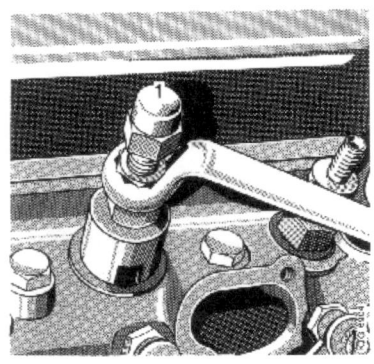

1 Ausziehvorrichtung 636 589 01 33

Abb. 23 Vorkammer herausziehen

Den Gewindedruckring zur Vorkammerbefestigung mit dem Spezialschlüssel 636 589 01 63 und der Hülse 636 589 01 07 bzw. 636 589 02 07 heraus-schrauben. Die Vorkammer mit der Ausziehvorrichtung 636 589 01 33 heraus-ziehen. Dazu die Druckspindel soweit wie möglich in die Vorkammer ein-schrauben. Die Abdrückglocke so drehen, daß der Ausschnitt genau über der Nute im Zylinderkopf liegt. Durch Anziehen der Sechskantmutter wird die Vorkammer herausgezogen. Die Abdrückglocke darf sich beim Ausziehen nicht r;¿itdrehen, da sonst die Nase der Vorkammer abgeschert wird.

Vor dem Einbau der neuen Vorkammer ist der Dichtring im Zylinderkopf zu erneuern. Vorkammer in den Zylinderkopf einsetzen und Gewindering ein-schravben und mit dem vorgeschriebenen Drehmoment (siehe Seite46) fest-ziehen. Sind die Nuten im Gewindering beschädigt, ist dieser zu erneuern. Glühkerze und Einspritzdüsenhalter wieder einschrauben. Stromschiene, Druck-leitungen und Leckkraftstoffleitungen wieder anschließen.

20 Alle Rohrleitungenund Schläuche auf festen Sitz, Dichtheit und Scheuerstellen prüfen.
Die Druckleitungen müssen spannungsfrei angeschlossen sein und werden bei laufendem Motor auf Dichtheit kontrolliert. Undichtheit an den Anschlüssen durch Nachziehen beseitigen, evtl. neue Dichtungen verwenden. Beschädigte Leitungen und spröde oder aufgequollene Schläuche auswechseln.

21 Zylinderkopf-Befestigungsschrauben auf festen Sitz prüfen

Bei warmem Motor die Zylinderkopfhaube und Kipphebelachsen abbauen, bei Verwendung des gekröpften Ringschlüssels 120 589 00 03 brauchen die Kipp-hebelachsen nicht abgebaut zu werden.

Die Zylinderkopfschrauben in der Reihenfolge gemäß Abb.24 mit dem vorge-schriebenen Drehmoment (siehe Seite 46) anziehen. Die beiden Schrauben mit M 10- Gewinde werden mit einem Handschlüssel mit ca 6 mkg angezogen. Sind alle Schrauben angezogen, die Kipphebelachsen wieder aufbauen und das Ventilspiel kontrollieren, siehe Wartungsarbeit 3.

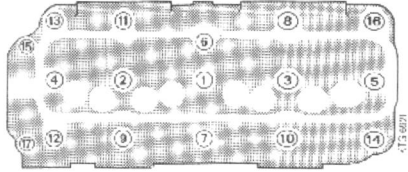

Abb. 24 Anzugsschema für

Zylinderkopfschrauben

Sämtliche Schrauben und Muttern des Luftansaug- und Abgassammelrohres prü-fen. Die Zylinderkopfhaube mit einwandfreier Gummidichtung wieder aufsetzen, nicht zu fest anziehen, damit die Dichtung nicht nach außen gedrückt wird.

Schutzmaßnahmen bei längerer Stillegung und Lagerung

Vor Stillegung oder Lagerung von mehr als 2 Monaten unter günstigen Lager-verhältnissen, d.h. bei ausgeglichenen Temperaturen und trockener Luft, soll der Motor mit seinen Anbauteilen durch die nachstehend aufgeführten Konservierungsmaßnahmen vor Korrosion geschützt werden.

Unter ungünstigen Lagerverhältnissen, d.h. bei stark schwankenden Temperaturen, hoher Luftfeuchtigkeit und besonders in den Tropen oder in der Nähe der See (salzhaltige Luft), ist die Konservierung des Motors schonbei ent-sprechend kürzerer Stillegung durchzuführen Schutzstoffe siehe unter Abschnitt "Betriebsstoffe".

Schmierölkreislauf: Das in der Ölwanne und im Ölfilter befindliche Schmieröl bei noch betriebswarmem Motor ablassen und durch Erstbetriebsöl (Korrosionsschutzöl) ersetzen. Zur Konservierung des Schmierölkreislaufes genügt es, die Ölwanne mit 2/3 der vorgeschriebenen Ölmenge zu füllen. Bei Einspritzpumpen mit Eigenschmierung das darin befindliche Schmieröl ablassen und durch Erstbetriebsöl ersetzen.

K r a f t s t o f f a n l a g e: Den Kraftstoff aus Behäl ter und Kraftstoffi l ter restlos ablassen. Etwa 15 Liter Kraftstoff mit 1 Liter Erstbetriebsöl mischen und in den Kraftstoffbehälter einfüllen. Mit dieser Mischung den Motor ca 20 Minuten bei mittlerer Drehzahl laufen lassen, so daß das Kraftstoffsystem gefüllt ist. Das Absperrventil am Kraftstoffbehälter wieder schließen.

K ü h l s t o f f k r e i s l a u f: Den Kühlstoff ablassen, dabei di e Ablaßhähne, Ent-lüftungsventile und die Einfüllschraube öffnen. per Kühlstoff kann aufgefangen und in einem verschlossenen Behälter zur Wiederverwendung aufbewahrt werden. Vor der Wiederverwendung Frostschutzvermögen prüfen.

Zy l i nd e r: Zvnächst werden die Glühkerzen ausgebaut und der Kolben des zu behandelnden Zylinders in den unteren Totpunkt gebracht. In jede Glühkerzenbohrung etwa 15 cm¿ Erstbetriebsöl mit einer Spritzkanne oder einem Zerstäuber einspritzen. Den Motor anschließend einige Male von Hand durchdrehen und die Glühkerzen wieder einbciuen. Damit wird vermieden, daß die Zylinderlaufbahnen rosten, und sich die Kolbenringe festsetzen.

Ist der Motor lange Zeit stillgelegt, muß die Konservierung der Zylinder alle 6 Monate, bei ungünstigen Lagerbedingungen sogar alle 4 Monate wiederholt werden.

Nach der Konservierung müssen die Luftansaugleitung oder das Luftfilter, die Abgasleitung sowie alie übrigen Öffnungen am Motor mit geeignetem Material, wie Ölpapier, Karton usw. verschlossen und mit einem Klebeband abgedichtet werden.

Die nicht lackierten Teile am Motor sorgfältig reinigen und mit Erstbetriebsöl einsprühen, oder mit Korrosionsschutzfett einschmieren.

Der Motor muß vor Nässe und Schmutz geschützt werden.

Ratterie: Die Ratterie muß regelmäßig gewartet werden, um sie betriebsfähig zu erhalten. Eine mit Säure gefüllte, geladene Batterie muß alle 4 Wochen nachgeladen, da sonst infolge Oxydation die Plattensätze in kurzer Zeit *zer*-fressen werden und die Ratterie unbrauchbar wird.

Bei längerer Stillegung empfiehlt es sich die Batterie auszubauen und dem Wartungsdienst mit dem Hinweis "außer Betrieb" zu übergeben.

Vorbereitung für den Transport

Den Motor, wie im vorherigen Abschnitt beschrieben, konservieren. Die Schutz-stoffe aus Ölwanne, Ölfilter, Kraftstoffilter und evtl. Ölbadluftfiiter ablassen. Sämtliche Öffnungen am Motor sind mit geeignetem Material gut zu ver-schließen und abzudichten. Den Motor während des Transportes vor Schmutz und Nässe schützen. Bei Seetransport des Motors sind besondere Schutzmaß-nahmen notwendig. Nähere Hinweise dazu bitten wir gegebenenfalls beim .Herstel lerwerk anzufordern.

Störungen und ihre Ursache

Außer einer sorgfältigen Bedienung und Wartung des Motors ist es wichtig, daß jede evtl. auftretende Störung rechtzeitig behoben wird. Einige Hinweise zur Behebung dieser Störungen haben wir in den Abschnitten "Anleitungen zu den Wartungsarbeiten" und "Weitere Arbeiten" gegeben. Bei größeren Schäden empfehlen wir, unseren Kundendienst oder andere anerkannte Fachkräfte hinzu-zuziehen.

Beim Anlassen

Störung	Ursache
Beim Einschalten dreht der Anlasser nichtoder zu langsam. spurt ein, bleibt aber dann stehen	Batterie unqenügend geladen (siehe Anlasser-Ritzel Seite 23) Klemmen der Verbindungsleitungen locker oder oxydiert Zuleitungen beschädigt Anlaßschalter beschädigt Magnetschalter des Anlassers beschädigt Freilaufkupplung des Anlassers rutscht Anlasserkl emmen oder Kohlebürsten haben Masseschluß Kohlebürsten klemmen in den Führungen, sind ausgelötet oder gebrochen (siehe Seite 27)
Anlasser dreht, Ritzel spurt aber nicht Ein	Ritzel oder Zahnkranz stark ver- Schumtzt oder beschädigt
Anlasser-Ritzel läuft weiter, nachdem der Glüh-Anlaßschalter losgelassen wurde	Glüh-Anlaß- oder Magnetschalter am Anlasser schadhaft, Verbindungskabel zum Anlasser lösen!
Ritzel spurt nach Anlauf des Motors nicht aus	Störung im Anlasser. Motor sofortabstellen!
Motor sprin'gt nicht an, obwohl der Anlasser in Ordnung ist.	Glühkerzen schadhaft Einspritzpumpe fordert nicht, da die Zuleitung versperrt ist. Kraftstoffbe-

Störung	Ursache
Motor springt nicht an, obwohl der Anlasser in Ordnung ist	hälter ist leer, die Kraftstoffanlage ungenügend entlüftet, die Einspritzpumpe oder Förderpumpe ist nicht in Ordnung
	Motor hat zu niedrige Kompression (siehe Seite 27)
	Ventile schließen nicht, da Ventilspiel zu klein (siehe Seite 20); Ventilfedern gebrochen, Ventilsitze undicht. Kolbenringe gebrochen oder Zylinderkopfdichtung schadhaft

Im Betrieb

Drehzahl und Leistung lassen nach	Kraftstoffmangel
	Druckleitungen undicht
	Druckventil der Einspritzpumpe undicht (Motor läuft imLeerlauf unregelmäßig) Rohranschlußstutzen an der Einspritz-pumpe ist undicht
	Nadel der Einspritzdüse verklemmt oder verkokt (siehe 5eite 28)
	Ventilspiel stimmt nicht (s.Seite 20)
	Luft- oder Kraftstoffilter stark verschmutzt
	Abgasgegendruck zu hoch, da Abgas-l e i tung und -sc ha l l dämpfer versc hmutzt
Motor klopft (anomales Motorgeräusch)	Einspritzdüse ist undicht bzw. Düsennadel bleibt hängen, so daß der Abspritzdruck der Düse absinkt und unzerstäubter Kraftstoff in die Vorkammer gelangt (siehe Seite 28). Bevor die Einspritzdüse ausgebaut wird, den Motor im Leerlauf mehrmals rasch auf hohe Drehzahl beschleunigen
	Leckkraftstoff-Leitung verstopft
	Förderbeginn stimnit nicht (s. Seite 40)
	Schäden am Triebwerk, Motor sofort abstellen

Störung	Ursache
Abgase sind blau	Schmierölstand im Motor oder Ölbadluftfilter zu hoch Schmieröl gelangt in den Verbrennungsraum, weil die Kolbenringe festsitzen oder das Spiel in den Ventilführungen zu groß ist.
Abgase sind weiß	Zylinderkopf oder Zylinderkopfdichtung sind undicht, so daß Kühlstoff in den Verbrennungsraum gelangen kann. Einspritzdüse spritzt nicht richtig ein, so daß der Kraftstoff nur unvollkommen verbrennt. Förderbeginn verstellt
Abgase sind schwarz	Luftfilter stark verschmutzt. Einspritzpumpe spritzt zu früh oder zu spät ein Fördermenge der Einspritzpumpe zu groß Einspritzdüse defekt (siehe Seite 28) Zylinder hat zu niedrige Kompression
KUhlstofftemperatur zu hoch	Kühlstoffmangel Kühlanlage verschmutzt (s. Seite 28) Keilriemen der Wasserpumpe ungenügend gespannt (siehe Seite 21) Wasserpumpe defekt Thermostat defekt Zylinderkopfdichtung undicht
Schmieröldruck zu niedrig Be i ra sc h e m A bs i n ke n, Motor sofort abstellen! Schmieröl zu dünn (siehe Seite 53)	Schmierölstand in der Ölwanne zu niedrig (Zeiger des Ölmanometers vibriert Ölmanometer defekt Überdruckventil im Hauptölkanal un-dicht Ölpumpe defekt Lagerspiele infolge Verschleiß zu groß

Störung	Ursache
Motor entlüftet stark Motor sofort abstel len!	Bei dampfförmiger Entlüftung besteht der Verdacht, daß Kühlstoff in das Schmieröl gelangt ist Ölfüllung zu reichlich Kolbenringe sitzen fest, fressen oder sind gebrochen Triebwerkschaden; Lager haben infolge Ölmangels oder Unzureichender Filterung gefressen
Motor bleibt stehen, oder fällt plötzlich in der Drehzahl ab	Kraftstoffbehälter leergefahren Kraftstoff-Filter verstopft(s.Seite 25) Luft in der Einspritzpumpe, Zuleitung undicht Förderpumpe saugt Luft mit an Belüftung des Kraftstoffbehälters ver-stopft Kolbenfresser oder Triebwerkschaden infolge Ölmangels oder durch Über-lastung. Motor abstellen.

Weitere Arbeiten

Nachstehend aufgeführte Arbeiten setzen Fachkenntnisse und einige Sonder-werkzeuge voraus. Sie sind daher-möglichst von unserem Kundendienst oder durch andere anerkannte Fachkräfte auszuführen.

Einspritzpumpe an- und abbauen

Die Einspritzpumpe nur abbauen, wenn es infolge einer Störung unbedingt nötig ist. Die Plombierungen dürfen dabei nicht gelöst werden. Pumpe u'nd Regler unter Angabe des Motortyps, der Leistung und Drehzahl einem ROSCH-Dienst zur Instandsetzung übergeben.

A b b a u d e r E i n s p r i t z p u m p e: Die Kraffstoffzufuhr absperren, und Kraft-stoffzuleitung sowie Gestänge – beim pneumatischen Regler auch die Unter-druckleitung am Regler – von der Einspritzpumpe lösen und die Anschlüsse mit Stopfen verschließen.

Vor dem Abbau der Einspritzpumpe den Motor auf Förderbeginn stellen, siehe nächsten Abschnitt.

Für den Fall, daß die gleiche Pumpe wieder eingebaut wird, die Stellung der Einspritzpumpe am Befestigungsflansch mit einem Meißel oder einer Reißnadel markieren.

Die 4 Befestigungsmuttern abschrauben und die Pumpe aus dem Steuergehäuse-deckel herausziehen. Die Kupplungshülse vom Mitnehmer auf der Pumpe bzw. Antriebswelle abnehmen. Wird die Pumpe gewechselt, ist der Mitnehmer, falls erforderlich, mit dem Sonderwerkzeug 636 5S9 00 03 abzuziehen und die Scheibenfeder aus der Nute herauszunehmen.

1 Strichmarken am Befestigungsflansch
2 Spritzversteller
3 Halteschlüssel mit Rückzugfeder

Abb. 25 Einspritzpumpe einfahren

1 Mitnehmerritzel an der Antriebsseite
2 Einbaulehre 636 589 01 23 an der Reglerseite

1 Einstellzeiger
2 OT-Marke　　　3 FB -Marke

Abb. 26　Strichmarken und Einbaulehre an der Einspritzpumpe

Abb. 27　OT - und FB - Marken auf der Riemenscheibe

Anbau der Einspritzpumpe: Den Mitnehmer, falls abgebaut, auf der Antriebswelle der Einspritzpumpe befestigen. Zum Anziehen der Sechskantmutter den Mitnehmer gegen Verdrehen sichern. Danach feststellen, ob sich die Kupplungshülse leicht auf den Mitnehmer schieben läßt.

Die Kupplungshülse auf die Antriebswelle im Steuergehäuse schieben. Die Einspritzpumpe, wie nachstehend beschrieben, auf Förderbeginn stellen.

Die Pumpe zum Einfahren gegen Verdrehen sichern. Dazu die Einbaulehre 636 589 01 23 auf den dem Mitnehmer entgegengesetzten Wellenstummel schieben (nur bei E-Pumpen mit pneumatischem Regler möglich).

Vor dem Einfahren nochmals prüfen, ob der Motor in Förderbeginnstellung steht. Bei Motoren mit Spritzversteller muß sichergestellt sein, daß die Fliehgewichte innen anliegen, d.h. in Leerlaufstellung stehen.

Die Einsprizpump so in die Kupplungshülse einfahren, daß die Stiftschrauben in der Mitte der Langlöcher stehen. Dadurch wird die Feineinstellung der Pumpe erleichtert. Bei Wiedereinbau der alten Pumpe müssen sich die vor dem Ausbau angebrachten Markierungen decken. Unterlagscheiben auflegen und die Pumpe mit 2 Sechskantmuttern leicht anziehen. Die Einbaulehre wieder abnehmen, da sonst die Pumpenwelle beschädigt wird!

1 Einstellzeiger
2 FB-Marke
3 OT-Marke

Abb. 28 OT- und FB-Marken am Schwungrad 636 030 01 05

1 Stiftschraube
2 FB-Marke
3 OT-Marke

Abb. 29 OT- und FB-Marken am Schwungrad 636 030 02 05

Nachdem die Feineinstellung des Förderbeginns durch Schwenken der Pumpe vorgenommen wurde, die beiden Sechskantmuttern endgültig festziehen und die restlichen 2 Muttern ebenfalls mit Unterlagscheiben aufsetzen und festziehen. Die Verschlußstopfen der einzelnen Rohranschlüsse entfernen und die Leitungen sowie das Gestänge wieder anschließen.

Kraftstoffanlage entlüften (siehe Seite 12) und den Motor in Betrieb nehmen. Während des Laufes sämtliche Leitungen auf Dichtheit prüfen.

Kraftstoff-Förderbeginn kontrollieren

Glühkerzen herausschrauben und den Kolben des Zylinders Nr. I auf Zündtotpunkt stellen, d.h. die OT-Markierung auf der Riemenscheibe oder dem Schwungrad muß sich mit dem Einstellzeiger, siehe Abb. 27 und 28, oder mit der Stiftschraube im Kurbelgehäuse, siehe Abb. 29 decken. Die Ventile des Zylinders Nr. I (an der Räderkastenseite) müssen geschlossen sein. Die Kurbelwelle um ca 50 ° zurückdrehen. Bei Motoren mit Spritzversteller das Schwungrad um etwa 1 3/4 Umdrehungen i n D r e h r i c h t u n g weiterdrehen, damit ' die Fliehgewichte nicht aus ihrer Leerlaufendstellung gedrückt werden.

Die Druckleitung des ersten Pumpenzylinders abschrauben, Druckventil und Feder herausnehmen und das Überlaufrohr 636 589 Ü2 23 mit einem Behälter anschließen. Absperrventil am Kraftstoffbehälter öffnen und Kraftstoff-Filter

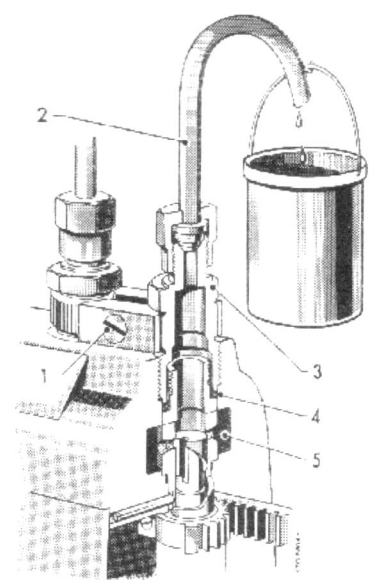

1 Klemmstücke
2 Überlaufröhrchen
3 Rohranschlußstutzen
4 Dichtring
5 Kraftstoffkanal

Abb.30 FB-Kontrolle durch Überlaufmethode

entlüften. Es kann auch der spezielle Kraftstoffbehälter 000 589 05 23 mit Rohrleitung 621 589 01 90 00 verwendet werden, der direkt an die Einspritzpumpe angeschlossen wird. Während der Kraftstoff avsfließt, die Kurbelwelle langsam in Drehrichtung weiterdrehen, bis der Kraftstoff gerade zu tropfen aufhört. In dieser Stellung müssen sich die Markierungen am Schwungrad bzw. an der Riemenscheibe mit den Einstellzeigern decken, siehe Abb. 27-29. Ist dies nicht der Fall, muß die Einspritzpumpe gelöst und in den Langlöchern des Anschlußflansches entsprechend der Abweichung geschwenkt werden. Schwen-ken der Pumpe zum Motor hin ergibt späteren, Schwenken vom Motor weg früheren Förderbeginn. Zur Wiederholung der Kontrolle die Kurbelwelle um genaue 2 Umdrehungen in Drehrichtung weiterdrehen und in FB-Stellungbringen.

Nach dieser Korrektur die Einspritzpumpe endgültig festziehen. Überlaufrohr abschrauben, Druckventil und Feder einsetzen. Den Rohranschlußstutzen mit dem vorgeschriebenen Drehmoment anziehen, lösen vnd endgültig festziehen. Rohranschlußstutzen wieder sichern und Druckleitung anschließen. Regelstange auf leichten Gang prüfen.

Bau- und Betriebsangaben

Allgemeine Angabn

Typenbezeichnung		OM 636 VI-E
Baumusterbezeichnung		
Grundmotor mit pneumatischem Regler ohne Spritzversteller		636.917 000
Grundmotor mit Fliehkraftregler und Spritzverstel ler		636.917 001
Bauart		stehend, Zyl. in Reihe
Arbeitsverfahren		DB-Vorkammer
Arbeitsweise		Viertakt
Zylinderzahl		4
Zylinderbohrung	mm	75
Kolbenhub	mm	100
Hubraum insgesamt	cm^3	1767
Verdichtungsraum, einschl. Vorkammer	cm^3	24,5
Verdichtungsverhäl tnis		19:1
Verdichtungsdruck bei 200 U/min und betriebswarmem Motor normal/mind.	kg/cm^2	22/16
Mittl. effektiver Druck bei 40 PS und 3000 U/min	kg/cm^2	6, 80
Mittlerer Kolbengeschwindigkeit bei 3000 4V/min	m/sec	10
Einspritzfolge (Zyl. I an der Räderkastenseite)		1-3-4-2
Drehrichtung (auf das Schwungrad gesehen)		links
Abzuführende Wärmemenge aus Kühlwasser	kcal/PSh	ca 675
Verbrennungsluftmenge bei 3000 U/min	m^3/min	ca 2,7
Anlaßart normal/ auf Wunsch		elektr./Schwungkraft

Kühlungsart		Wasser- Um laufkühlung
Zulässige Betriebsschäglage in Längs- Und Querrictung daurend/Kurzzetig	•	15/20
Zulässiges Abtriebsdrehmoment am vorderen Kurbelwellenende bei Torsions- und Biegebeanspruchung	mkg	2

Einstellwerte

Ventilspiel		
Einlaßventil	mm	0,20
Ausiaßventil	mm	0,25
Kraftstoff-Förderbeginn für Motoren mit Spritzversteller und Hubstaplermotoren	°KW vor OT	26
für Motoren ohne Spritzversteller	°KW vor OT	32
Abspritzdruck der Einspritzdüsen		
neue Düsen	kg/cm²	110-120
gelaufene Düsen	kg/cm²	mind. 100
Öffnungsdrücke		
Umgehungsventil im Schmierölfilter	kg/cm²	2
Überdruckventil im Hauptölkanal	kg/cm²	8

Betriebstemperaturen und -drücke

Kühlstofftemperatur (gemessen vor dem Thermostat) dauernd	°C	max. 85
kurzzeitig	°C	max. 90
Öffnu'ngsbeginn des Thermostaten	°C	ca 77
Überdruck im Kühlsystem	kg/cm²	max.0,4
Schmieröl-Mindestdruck bei betriebs- Warmen Motor und 650 U/min	kg/cm²	0,5
Abgassameltemperatur bei 40 PS 3000 U/min u.20°CAnsauglufttemp.	°C	max.650

Leistungs- und Verbrauchsangaben*

Dauerleistung A	PS	16,5-32 18-36**
Dauerleistung' B	PS	18,5-35 20-40**
Drehzahl	U/min	1500-3000
Sonderleistung	PS	21-42**
Drehzahl	U/min	1500-3300
Fahrzeug l e i stung	PS	21-43
Drehzahl	U/min	1500-3500
Kraftstoffverbrauch Dauerleistung A	g/PS h	208-226 194-203**
Dauerleistung B	g/PSh	212-233 204-210**
Sonderleistung	g/PSh	204-215**
Schmierölverbrauch	g/PSh	ca 3

* Die angegebenen Dauerleistungen A und B nach DIN 6270 stehen als Nutzleistung am Schwungrad zur Verfügung. Bei Motoren mit Kühler (UkKV) muß der Leistungsbedarf des Ventilators abgezogen werden.

Bezugszustand:	Luftdruck	mm Hg	736
	Ansauglufttemperatur	°C	20
	Relative Luftfeuchtigkeit	%	60

Die angegebene Sonderleistung und Fahrzeugleistung nach DIN 70 020 steht mit ± 5 % Toleranz als Nutzleistung am Schwungrad zur Verfügung.

Bezugszustand:	Luftdruck	mm Hg	760
	Ansauglufttemperatur	°C	20

*Die Kraftstoffverbrauchsangaben gelten mit + 5 % Toleranz (bei Sonderleistung und Fahrzeugleistung ohne Toleranz) bei Verwendung eines Dieselkraftstoffes mit einem unteren Heizwert von mindestens 10 000 kcal/kg.

** Diese Werte gelten für Motoren mit Fliehkraftregler und Spritzversteller

Einfüllmengen

Schmieröl im Motorkreislauf,	l	6,5*
in der Ölwanne bis obere Marke Peilstab	l	6, 25*
bis untere Marke Peilstab	l	3,5*
Kühlwasser im Motor mit Kühler (UkKV)	l	13
mit Wärmetauscher (UkWtKr)	l	10

Motorabmessungen und -gewichte

Abmessungen des Grundmotors "Uk"

Länge	mm	ca 700
Breite	mm	ca 515
Höhe	mm	ca 705
Höhe über Mitte KW	mm	ca 490
Gevfcht'des Grundmotors "Uk" ohne Lichtmaschine und Anlasser, trocken	kg	ca 158
Lichtmaschine und Anlasser	kg	ca 17

Anzugsdrehmomente

Kurbelwellenlagerschrauben	mkg	8
Pl eue l lagersc hrauben	mkg	3, 75
Zylinderkopf-Befestigvngsschrauben	mkg	8
Glühkerzen im Zylinderkopf	mkg	5
Düsenhalter irü Zylinderkopf	mkg	7-8
Durchgangsstück auf dem Düsenhalter	mkg	5
Einspritzdüse im Düsenhalter	mkg	7-8
Vorkammer im Zylinderkopf	mkg	15
Kipphebelbefestigungsmuttern	mkg	2

• je nach Ölwanne verschieden

Rohranschlußstutzen an der Einspritzpumpe	mkg	4,5 + 0,5
Überwurfmuttern der Druckleitungen	mkg	2,5
Sc hwungradbefest i gungssc hrauben	mkg	5
Riemenscheibe auf der Kurbelwelle Graugußriemenscheibe	mkg	18
Leichtmetallriemenscheibe	mkg	12

Alle Gewinde und die dazugehörigen Druckflächen müssen sauber und glatt sein und mit Motarenöl, die Pleuellager- und Zylinderkopfschrauben mit graphitiertem Öl, eingeschmiert werden. Andere Schmiermittel bedingen wesent-lich andere Anzugsdrehmomente.

Betriebsstoffe

Im Interesse unserer Kunden untersuchen wir ständig die von den Mineralöl-Firmen angebotenen Betriebsstoffe auf ihre Eignung für unsere Motoren. Wir bitten Sie deshalb, sich von Zeit zu Zeit bei einer unserer Vertretungen oder Kundendienst-Stationen zu informieren, ob die von Ihnen verwendeten Betriebsstoff-Marken weiterhin für Ihren Motor geeignet sind.

Kraftstoffe

Es ist gut gefilterter Dieselkraftstoff zu verwenden, der den Qualitätsanforderungen nach DIN 51 601 oder den amerikanischen Spezifikationen ASTM D 975-59 T Nr. 1-D und Nr. 2-D oder VV-F-800 DF-I und DF-2oder British Standard 2869 A entsprechen soll. Die handelsüblichen Dieselkraftstoffe der bekannten Markenfirmen erfüllen die vorgenannten Forderungen.

In Ausnahmefällen können auch Motorenpetroleum entsprechend DIN 51 636 verwendet werden. Das gleiche gilt für reine Destillate der Ölschieferschwelung. Die in den Tropen anfallenden Planzenöle, wie Rizinusöl und Sojabohnenöl, sollten nur in Notfälien und nur als Mischkomponente verwendet werden, da sich bei diesen Behelfskraftstoffen eine Leistungsminderung des Motors nicht vermeiden läßt. H e i zö l (M und S)* darf wegen großer Korrosionsgefahr ni c ht verwendet werden!

Alle Saugrohre in Fässern und Behältern sind so anzuordnen, daß die Öffnungen etwa 15 cm über dem Boden liegen, damit eventuelle Ablagerungen (Schmutz, Schlamm, Wasser) nicht angesaugt werden können. 13iese Ablagerungen müssen regelmäßig, immer aber vor dem Nachfüllen, abgelassen werden. Dazu ist am Boden des Kraftstoffbehälters ein Ablaßhahn vorzusehen.

*M = Mittel S = Schwer

Winterbetrieb

Vor Beginn der kalten Jahreszeit sollen der Kraftstoffbehälter und – sofern vorhanden - das Vorfilter gründlich gereinigt werden, um zu verhindern, daß Wasserrückstände gefrieren und die Kraftstoffzufuhr stören!

Rei tiefen Außentemperaturen läßt das Fließvermögen des Dieselkraftstoffes infolge von Paraffinausscheidung nach, was zu Betriebsstörungen führen kann. Um dies zu vermeiden, ist in den Wintermonaten W i nter – D i ese l kra ftstoff mit einem tieferen Paraffinausscheidungspunkt zu verwenden. Falls dieser nicht rechtzeitig zur Verfügung steht oder mit Temperaturen unter -20 °C gerechnet werden muß, kann dem Dieselkraftstoff auch Motorenpetroleum oder normaler Vergaserkraftstoff beigemischt werden. Das Mischungsverhältnis richtet sich nach der Außentemperatur, siehe nachstehende Tabelle. Motorenpetroleum ist zu bevorzugen.

Superkraftstoffe setzen die Zündwilligkeit des Dieselkraftstoffes stark herab und sollten deshalb nicht verwendet werden.

Außentemperatur °C	Sommer DK %	Zusatz %	Winter DK %	Zusatz %
0 bis -10	80	20	100	-
-10 bis -15	70	30	100	-
-15 bis -20	50	50	100	-
–20 bis -25	-	-	70	30
unter -25	-	-	50	50

Der Behijlter und a le Leitvngen müssen vor Erreichen der kritischen Aul3entemperatur mit Winterdieselkraftstoff angefüllt sein. Falls keine Möglichkeit besteht, die beiden Kraftstoffe vor dem Einfüllen durch Umrühren gründlich zur vermischen, sollte der spezifisch leichtere Zusatzkraftstoff vor dem Diesel – kraftstoff eingefüllt werden. Nicht mehr Zusatzkraftstoff beimengen, als nach der Temperatur unbedingt nötig, damit der unvermeidliche Leistungsabfall so gering wie möglich gehalten wird.

Schmierstoffe

Für den Motor, die Einspritzpumpe, den pneumatischen Reg – ler, die Kühlwasserpumpe, das Luftfi I ter und die L ic htmasc hine (soweit Klappöler vorhanden) sind folgende von uns freigegebene HD-Motoren-öle (Sl-Qualität) zu verwenden:

Acmos Spezial HD   AS Svper-HD-Motorenöl
Adrumol HD   Aseol 15-53 Motor Oil HD S 1
Adysol HD   Asmol Super HD
Aerolene HD Atlantic Aviation Motor Oil (HD)
Aero-Line Super HD   Audac-Motoroel Super HD
Agip F. 1 Motor S. 1 (HD)   Autol-Extra-HD
Agronil HD Super Motorenöl   Autominol HD
Aixol Super HD   Av'a-Motor-Oil HD
Allianz-HD Super   Aviatic HD
Amalie HD 1 Motor Oil   Aviaticon HD
Amalie XLO-HD S I   Axoil HD
Amolub Super.HD
Ampol Motor Oil HD B-A Peerless Motor Oil Suppl. 1
Amoco Permalube   Bavaria-Penna-Motorenöl HD
Antar Graphite S   13aywa-Motorenöl HD Super
Antar Molygraphite   Bechem-Auto-Staroil HD S I
Aral Spezial Motor Oel (HD)   Benissimol (HD)
Aral Diesel Motor Oel (HD) 8ergor-Motor Oil HD
Argon HD   Beverol Gold Bevo Supplement 1
Aristol HD   Bikalin Stella HD

Blasol
Bluebird HD Engine Oil
Soie-Terra HD
BP Diesel Motoroel HD
BP Energol HD
13rey-Super-HD-Oel
Buloxol HD Super
Bvrgol-HD

Caltex Premium Motor Oil Extra HD
Caltex Super RPM Delo Special pD)
Calypsol-Motorenöl M-HD
Cariol Super HD
Casaled Super HD
Castrol (HD)
Centlube H. D.A.
Ceramol 5-1
Cidisol HD
City Oil HD
CL HD Super Motorenöl
Clearol HD Extra Motor Oil
Cofranc HD Supplement I
Commo-Lube Diesel Oil Supplement I
Condor HD Motorenöl
Conquest Supplement 1
Contral Hochlstg. Motorenöl HD
Co-op Special Heavy Duty Motor Oil Supplement 1
Cordiol – HD
Damatol-HD-Motorenöl
Deogen Super HD
Deaplus HD
Delta HD
Deltinol HD
Delvac 1100
Demoxol HD
Deusol CRI (HD)
Deutol Frankoline HD
Deutz Oel HD-Motorenöl SGHD
Deuzin HD-Motorenöl
Diamond HD-Motorenöl
Dierol HD Super
Dieselgold Super HD
Dieselmozol HD
Dimotol HD
Distol Super-HD
Divinol Spezial HD S 1
Dual HD Oil
Dudizol DM 30 (DS)
Duplexol HD
Durol Heavy Duty

Eberol HD
Ebol HD Extrc
Ecubsol Hchlstg. Mot. Öl HD
Effectol Hchlstg. Mot. Öl HD
Egosol HD
Elbd Royal Diesel Supplement 1
Elektrion-Motorenoel HD
Elite HD Hchlstg. Mot. Öl
Elk Pennsylvania Motor Oil X HD 51
Ellmotol HD
Elvo(ine Hchlstg. Mot. Öl HD
Elwo Hchlstg. Mot. Öl HD
Emhagol HD Motorenöl
Emol-Silber (HD)
Emperoil Supplement I
Ernosol HD-Motorenöl
Eroil Rotura HD
Esa Super Oil ND
Esanol HD
Esemol HD
Esslin-Motoröl HD
Esso Motoroil (HD)
Essolub HD
Estol HD Motorenöl
Europol Super HD
Evonol Gold HD
Exaktol HD-Motorenoel
Extrol HD
Falken Hchlstg. Motorenöl HD
Fanto-Spezial-Motorenöl HD
Fimitol-HD
Fimol HD Super-Motorenöl
Fina Delta Motor Oil
Extra Firezone Spezial Super (HD)
Flandol Super HD Motorenöl
Flexolub HD
Förstol Diamant HD

Freie T HD Motorenöl
Freitagol Motorenöl HD
Frisia HD
Fründ-Hchlstg. Motorenöl

Gährol HD Motorenöl
Garant HD Motorenoel
Gasolin HD
Gasolin Super Motoröl (HD)
Golden Fleece Mildef DS
Golden Fleece Mildef XB
GSG Record Motorenöl HD
Gulflube Motor Oil HD

Duxobil-Primol-HD-Motor Oil
Dyserol Ultra I HD
Habanol – H D – Öl
Haco Hchlstg. Mot. Öl HD
Hacol Extra-HD
Hähnel-Motorenöl HD
Hafa Super Detergente S 1
Haltermann-Motorenöl HD
Hawi Hchlstg. Motorenöl Super S I
HD-Motorenöl-ZRL
Hennol HD-Öl
Heskolin HD
Hessol Hchlstg. Mot. Öl SK HD
Hettöl-Motorenöl HD
HGW Motorenöl Spezial
H.o. B.-Motoröl HD
Hoesc h- H D- Öl
Homberg Mot. Öl HD Extra
Homrich-HD-Hchlstg. Mot. Öl
Houghton Vital de Luxe HD

Igezol Mizar C • S. HD S I
Igol-Sport (S I) Mobiloil pD)
Import-Motorenöl
Superlube HD
Importol HD Motor Oil
Inco H. D. S 1
Interlube HD
Ira-Motoren-Öl HD
Iranol Alwand Oil S 1
Irokal-HD-Motorenöl
Isarol Motorenöl HD
Itanol-HD-Super
Janby's Tekno Extra

Jostolin HD 5 I
Juwel HD Extra

KaGo-Motorenöl HD
Keith Motorenoel HD
Kendall, F-L Oil S-HD
Kirol Valve Emendol HD
Kompressol-Super HD-Oel "05"
Kovomotol Hchlstg.-HD-Motorenöl
Kraftin Motorenoel HD
Kubinol-Spezial-HD-Motorenöl

Labo Super (HD)
Lanol Motorenoel Spezial Super HD

Gulfpride Motor (HD)
Gyrantol HD
Mabanaft Heavy Duty Motor Oil II
Mafvsol Extra H13
Moglobol HD S I
Mancol Milol HD Motoroil
Manolin HD S I
Marathon HD Motorenöl
Marcol-HD-Motorenöl
Marol MD
Megalub AS pD)
Megu-Motorenöl HD Suppl. I
Mengol Motorenöl HD
Metanol HD S 1 Hochlstg. Mot. Öl
Meteor Ultra Motor Oil HD
Metrol HD
Mexolin "S" Diesel Oil HD
Minol HD
Mirag-HD Motor Oil
Miranco Motoroil HD S 1
Miranol HD

Mobiloil Super
Modern Duolube HD Motor Oil
Motonor Super HD
Motorenöl Spezial HD
Moforex HD Extra S I
Motul Century L (HD)
Motul DS 1 HD
Mu-Hyperol HD Motorenöl
Mütol HD
Motor Oil Super X HD
Navirol S I
Neo-HD-Extra-Motorenöl
New Ace Diesel Engine Oil Sup. 1
New Process Motoroil Special HD
Noga-HD-Oel
Norip HD S I
Novatol HD Extra

Oelkolin HD Motorenöl
Oest-Gigant- HD
ÖMV-Motoröl SHD I
Oilzum Motor Oil HD S 1
Olsson-Motorenöl HD
Omegal S 1 Motor Oil (HD)
Omotol Super HD

Lenzol-H *D*
Leprinxol-HD
Lokoil HD
Loroco HD Motorenöl
Lubrificoil
Lvbro-Hchlstg. Motorenöl HD
Lvbrosol HD
Lumo HD
Panolin Motoroil HD
Parasol HD-Motoroil Supplement 1
Pars Kian S I Automotive
Pena Pura HD
Penaxoline HD
Pennasol   Hchlstg.Mot.Öl
HD   Start Motorenoel (HD)
Pennol HD I (S >)
Penn-O-Lene HD
Pennsolin HD
Pennstate Heavy Duty
Pennzoil Motor Oil with Z-7
Pentex Special HD Suppl. 1 Motorenöl
Pentosin Motoröl HD
Penytol HD
Pe rfec to l

Permit, Penn (HD)
Perol Special HD Motor Qil (S 1)
Petrol Motorol HD S 1
Petrolexport HD Motorenöl
Phillips 66 HD5 Motor Oil (S 1)
Primor Mil-HD
Progressol Motorenöl HD
Purex   /Vlotoroil   NL
Supplement 1SVG-Motorenöl HD Gelb
   SVG-Moforenöl HD Grün
Quaker State H. D. Motor Oil

Ravo i l -HD
Real Oil Super HD   1000-Meilen Öl HD
Rec in Hchlstg. Mot. Öl (HD)
Record HD-I-Motor Oil
Reginol HD, MS-DM
Rektol HD-Motorenöl
Renault-Oel Disal Super HD 5.1
Restorol H.D. Motorenöi S 1
Reutol HD
Rheinpreußen-Motoröl HD
Ricinol-Motor Oil Heavy Duty S 1
Ritzol HD
RPAV-HD Motorenöl Extra-Sgezial
Roburol HD Diesel-Spezialöl

Qptimol HD
Orion Special HD Diesel S 1
Orly Diesel Oil HD S I
Orol-Gold Motorenöl "M" Suppl. I
Osanol HD

Pacific HD Motor Oil
Pam Heavy Duty Series 1 Motor Oil
Silver Star Motorenöl
Skandia Oil (S I)
Sollupin Svper-HD-Motorenöl
Speedwell HD
Staroil HD Super

Startol-Aristokrat HD
Sternol Panther S I
Stinnes Fanal HD Mot. Oel
Stinnes Fanal Trivisco
Stratos-Sup HD
Südöl HD-Moforenöl S 1
Südramol ND Extra
Sudwestöl HD Motorenöl
Sun Solvent Refined HD /vbtor Oil
Suppl. I
Sunoco HD Dynalube Motor Oil
Sunoco Ocnus HD (MIL) Oil
Super Aiglon DG
Super HD S 1
Super Merkol HD
Super Oropol Multigrade
Super RPM Delo Special Lubr. Oil (HD)

Sylantar (HD)
Sylantar Z (HD)

Taxo I -H 13
Terranol-Hchlstg. Motorenoel HD
Terravita Extra HD-Motorenöl
Texaco Ursa Oil 5-1
Texaco Havoline Mot.Oil
Total HD 1
Total Super HD
Trabant-Hchlstg. Mot.-Öl HD
Trading Detergent S 1
Triumph Spezial HD
Super S 1Truck Record Motor Oil HD

Wagranol-Extra HD
Waku HD Motorenöl
Waverly-H. D. -Motorenöl
Webo HD Super
Wecoline HD WMA-Motorenöl Super-HD
Wegetol HD Wolf's Head Motor Oil
Westfalen-HD-Motorenöl
Westol-Motorenöl HD Super M
Wevagol Extra HD
White Rose Ultra Mot.Oil HD

Wifralvb HD-Motorenöl
Wiolin Spezial S 1 HD
Wisura-Dimol HD S 1
Wittrock HD

Yacco Motorenöl Y HD

Zerzog HD-Motorenöl

Die SAE-Klasse des Schmieröls soll betragen:

bei Außentemperaturen (für einen Zeitraum von wenigstens einigen Tagen)	SAE
zwischen +30 C und 0 °C	30
zwischen +10 @C und -25 °C	10 W

Um einen häufigeren Wechsel der SAE-Klassen bei schwankenden Temperatu-ren in den Übergangszeiten zu vermeiden, empfehlen wir für Mittel-Europa ab Anfang April SAE 30 und ab Anfang Oktober SAE 10 W zu verwenden.

Für die Zusatzwasserpumpe und sonstige mit Fett zu schmierenden Aggregate sind die nachstehend aufgeführten und von uns freigegebenen Fette zu ver-wenden:

Optimol OlistaShell Retinax AVeedol Multipurpose

Kühlstoff

Zur Kühlung des Motors ist sauberes, möglichst kalkarmes Wasser mittlerer Härte (5-15° DGH = deutsche Gesamthärte) zu verwenden, das vor dem Ein-füllen mit I % (10 cm¿ pro Liter) Korrosionsschutzöl verede I t werden muß. Leckverluste des Kühlstoffes sind durch Wasser zu ersetzen, dem nur 0,5 % Korrosionsschutzöl zuzusetzen ist. Wenn nur Flußwasser zur Verfüguna steht, muß dieses gut gefiltert werden. Meerwasser, Brackwasser, Solen und Industrie-wasser sowie kalkfreies Wasser, wie Regenwasser und destilliertes Wasser dürfen nicht verwendet werden.

Kühlwasser-Veredelungsmittel (Korrosionsschvtzöl):

Antar Soluble O
Anticorit MKR

Castrol Clearedge E

Dea Oel BS 12

Gulfcut Soluble Oil

Houghton Phosphatol   Sonaxon Kühkr Korrosion Schutz
                                                             Sommer-Kühlersc ' 1344
Kutwell 40   Valvoline Korrosionsschutzöl 5-2
Rheinpreußen Korrosionsschutzöl BS 12   Veedol Anorvst 50
                                                             Voitländer's Korrosions-
                                                             Schutzmittel
Shell Donax C   Für Kühler Solvac 1535 G

Zur R ü c k k ü h l u n g des Kühlstoffes durch Wasser-Wärrnetauscher kann gefiltertes Rohwasser, z.B. Grundwasser, Flußwasser oder Seewasser verwendet werden.
Alle im Kühlkreislauf verwendeten Sc h l äuc he müssen aus ölbeständigem Gummi bestehen. Folgende Verbindungsschläuche haben sich bewährt:
       Metzeler ÖLP 50/II, Continental TX 215
Bei E i n f r i e r g e fa h r ist dem Kühlstoff eines der folgenden Gefrierschutz-mittel nach Vorschrift der Lieferfirma beizumengen:

Hüls Frostschutzmittel
Autol Frostschutz
A'F   Mobil Permazone
(Mobil) Frostschutz 500
Mu-Hyperol Frostschutz
I3P Anti Frost
Brenntag Kühler-Frostschutz
Qptimol Kühlerfrostschutz
Oest-Frostschutz
Castrol-Antifreeze
Chemfol-KUhlerfrostschutzmittel
Po l arfest
Prestone Antifreeze
Dow Antifreeze D 278-100
Radiar Antar
Ecufreeze   Rhe inpreu Ben – Kühl erfrostsc hutzmi tte l
RMV Rhemosin
Esso Kühlerfrostschutz
Shell Antifrost
Frostop   Shell Antifreeze
Sinclair Antifreeze
Stinnes-Fanal-KUhlerfrostschutz
Gasolin Frostschutz
Total Frostfrei
Genantin
Touring Kühlerfrostschutz

Glycoshell
Veedol Frostfree
Gl ysant in
GMG-Kühlerfrostschutzmittel
Westfalen Frostschutz

Die Menge des benötigten Gefrierschutzmittels ist der nachfolgenden Tabelle zu entnehmen:

Gefrierschutz bis °C	Gefrierschutzmittel %	Kühlstoff %
-10	22	78
-20	34	66
-30	44	56
-40	52	48

Beispiel: 12 Liter Kühlstoff sollen bis -20 °C geschützt werden
    12x34: 100=ca4

    Der Anteile an Gefrierschutzmittel beträgt etwa 4 l, der Antei! an Küh l stoff etwa 8 l.

Es ist ratWm, die Temperatur, bis zu der ein Gefrierschutz gewährleistet ist, auf einem Schildchen festzuhalten. Dem Gefrierschutzmittel-Wasser-Gemisch ist 1% Kühlwasser-Veredlungsmittel zuzusetzen. Wenn dvrch Beimengenein teilweises Entmischen des Veredlungsmittels vom Kühlstoff hervorgerufen wird, besteht keine Gefahr und der Kühlstoff braucht nicht vorzeitig abgelassen zu werden.

Wenn keine Einfriergefahr mehr besteht, ist der Kühlstoff abzulassen. Er kann aufbewahrt werden, jedoch soll er vor der Wiederverwendung auf seine Gefrierschutzgrenze untersucht werden. Die Kühlanlage ist nach dem Entleeren gründlich durchzuspülen und wieder mit vorgeschriebenem Kühlstoffaufzvfüllen.

Korrosionsschutz stoRe

Zur Innenkonserv i erung des Motors (ohne Kühlräume), bei Lage-rung oder längerer Stillegung und für die ersten 10 Betriebsstunden neuer oder grundüberholter Motoren sind folgende Erstbetriebsöle (Korrosionsschutzöle) zur Verwendung freigegeben:

Ant ikorrol   Deltikor
Aral Motorenschutzöl
Avtol K   Esa HD Korrosionschutzöl
Aviaticon MotorenschutzölEssolub MZ

Boie Terra EB Gasolin KM
BP Motorenschutzöl
                Kompressol Erstbetriebsöl
Caltex Preservative Oil   Korrosionschutz-Motorenöl
Castrol CR/1
Castrol Running-in Oil DB Mobilkote 512
                Mu-Hyperol-Einlauf- und Korrosions-
Dea-Erstbetriebsöl 431 M,432 M schutzöl EK

Penaxoline-Erstbetriebsöl DB
Renolin MR
Rheinpreußen Orange
Veedol Norustol
Shell Ensis Motoroel
Stinnes-Fanal Einfahr und Korrosions-
schutzöl

Texaco Preservative Oil
Valvoline Tecta Einfahr vnd
Korrosionsschutzöl

Viscobil-Erstbetriebsöl 431 M,432 M

Zur Innenkonservierung der Einspritzanlage ist dem Kraftstoff 5-10 % Korrosionsschutzöl (Erstbetriebsöl) zuzusetzen.

Zur Au ßen konservierung nicht lackierter Motorteile ist Korrosionsschutz-öl (Erstbetriebsöl) oder ein anderes säurefreies Korrosionsschutzmittel, z.B. Valvoline Tectyl 846 (K 19), zu verwenden.

MERCEDES-BENZ

TYPE OM 636. VI-E / 636.917-...

CATALOG »F«
1965

DAIMLER-BENZ AKTIENGESELLSCHAFT · STUTTGART-UNTERTUERKHEIM · GERMANY

Printed in Germany

Ordering directions

When placing orders, indicate, as a rule, the following:

1. **The designation of catalogue: OM 636. VI-E, Catalog F**

2. The **engine number.** This number is to be found on engine plate, see table I.

3. The **part number,** as indicated on the respective table (abbreviation for cables: "nr").

4. The **number of the table** on which the spare part is illustrated (abbreviation for cables: "t").

5. When ordering by letter, also indicate your own denomination of the respective part.

Examples of Orders for Spare Parts:

By letter:

"Urgently ship for OM 636. VI-E Catalog E engine number 636.917-180-0000001 2 cylinder head gaskets No. 15 table 2."

The same order cabled:

"urgently ship om 636 roem. 6 e catalog e engine 636 917 180 000001 stop 2 ea. nr 15 t 2"

You are requested to confirm all cabled orders by letter, in order to avoid misunderstanding.

Tafel 1
Table
Tableau

Tavola 1
Quadro
Tabla

Lage des Motor-Nummernschildes
Location of Engine Number Plate
Emplacement de la plaque portant numéro du moteur
Sistemazione della targa con il numero del motore
Posição da chapa do número do motor
Situación de la chapa indicadora del número del motor

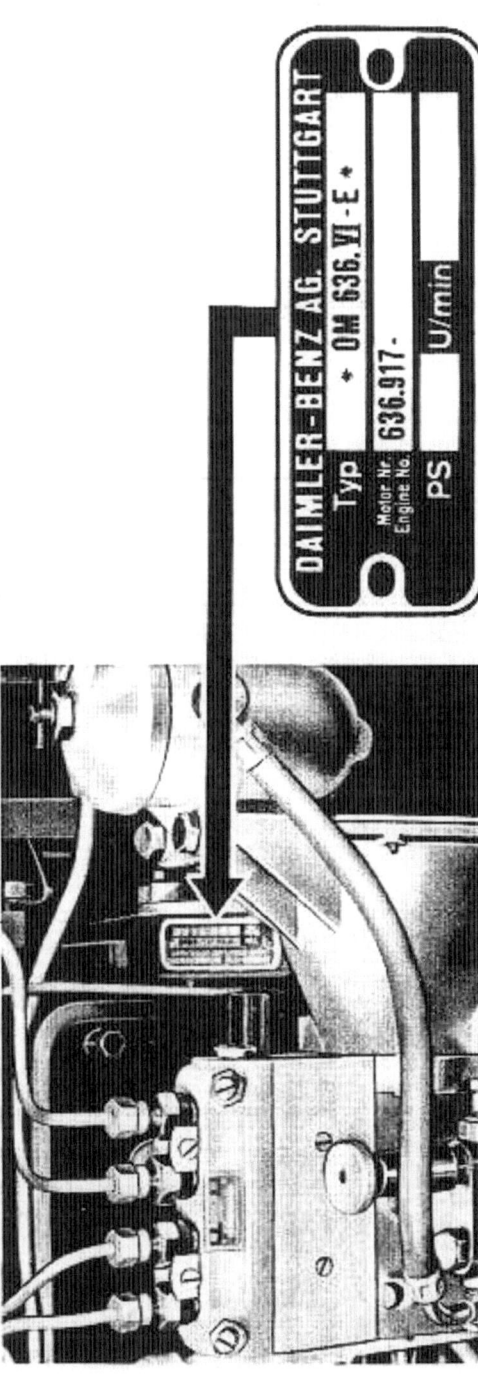

Das Motor-Nummernschild befindet sich auf der rechten Seite am Kurbelgehäuse vorn, unter dem Kraftstoff-Filter.
Außerdem ist die Motornummer im Kurbelgehäuse auf der Lichtmaschinenseite rechts oben eingeschlagen.

The engine number plate is located on the right side of the crankcase, front, behind the fuel filter.
The engine number is also stamped on crankcase, right top, generator side.

La plaque du moteur se trouve du côté droit du carter-vilebrequin, à l'avant, derrière le filtre à combustible.
En outre, le No du moteur est estampé en haut, à droite sur le carter-vilebrequin, côté dynamo.

La targa del motore si trova sui lato destro dell' incastellatura, anteriormente, dietro il filtro del combustibile.
Il numero del motore è stampigliato, inoltre, sul monoblocco, lato dinamo, in alto a destra.

A chapa com o número do motor encontra-se no lado direito do carter superior, detrás do filtro de combustível.
O número do motor está gravado ainda na parte superior direita do bloco-carter, lado do dínamo.

La placa indicadora del número del motor está instalada al lado derecho del extremo delantero del cárter de cigüeñal, detrás del filtro de combustible.
Además, el número del motor está troquelado en la parte derecha superior del cárter de cigüeñal, sobre el lado de la dínamo.

Denominazione	Denominação	Denominación	Tavola Quadro Tabla
Blocco-motore	Bloco-cárter do motor	Bloque-motor	1-2
Organi mobili del motore	Órgãos motores	Conjunto motriz	3
Distribuzione	Distribuição	Distribución	4
Pompa d'iniezione	Bomba de injecção	Bomba de inyección	5
Filtro di combustibile, condutture combustibile	Filtro de combustível, tubagens de combustível	Filtro de combustible, tuberías de alimentación de combustible	6
Regolatore a battente, filtro dell'aria, tubo di aspirazione e collettore di scarico	"Borboleta" de regulação, filtro de ar, tubagem de aspiração e colector de escape	Regulador de mariposa, filtro de aire, tubo de aspiración y colector de escape	7
Impianto elettrico (motore)	Equipamento eléctrico do motor	Equipo eléctrico del motor	8
Pompa dell'olio, filtro dell'olio, conduttore olio	Bomba de óleo, filtro de óleo, tubagens de óleo	Bomba de aceite, filtro de aceite, tuberías de aceite	9
Raffreddamento del motore	Refrigeração do motor	Refrigeración del motor	10

Zylinderkopf und Haube
Cylinder Head and Cover
Culasse et couvercle de culasse
Testa del cilindro e coperchio
Culata e respectiva tampa
Culata y tapa

Tafel
Table
Tableau
Tavola
Quadro
Tábua

2

Tavola
Quadro
Tabla
4

Steuerung
Timing
Distribution
Distribuzione
Distribução
Distribución

Tafel
Table
Tableau
4

Tafel
Table 5
Tableau

Tavola
Quadro 5
Table

Kraftstoff-Filter, Kraftstoffleitungen
Fuel Filter, Fuel Lines
Filtre à combustible, conduites d'alimentation
Filtro di combustibile, condutture combustibile
Filtro de combustível, tubagens de combustível
Filtro de combustible, tuberías de alimentación de combustible

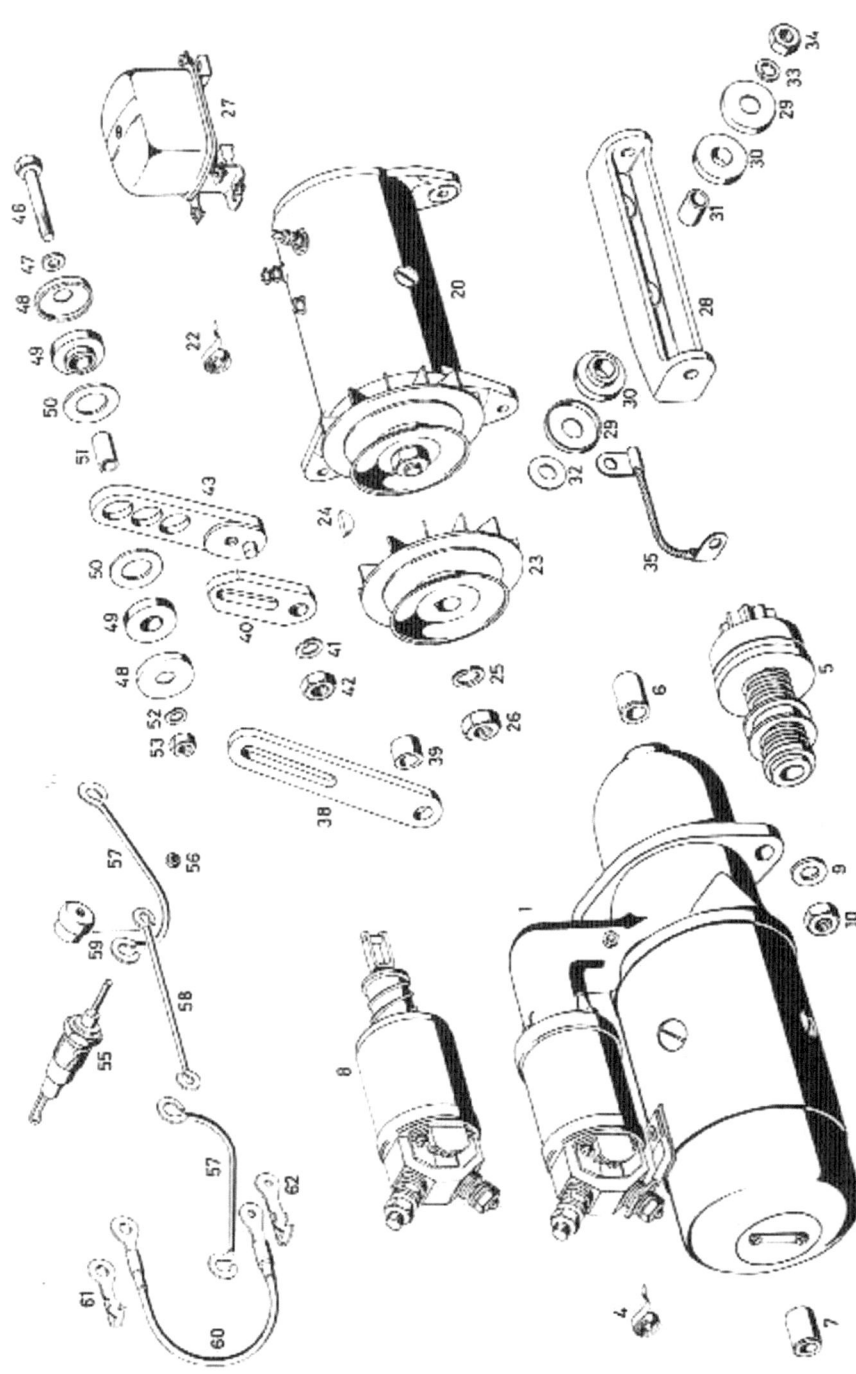

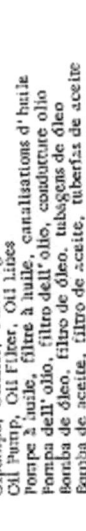

Ölpumpe, Ölfilter, Ölleitungen
Oil Pump, Oil Filter, Oil Lines
Pompe à huile, filtre à huile, canalisations d'huile
Pompa dell'olio, filtro dell'olio, condutture olio
Bomba de óleo, filtro de óleo, tubagens de óleo
Bomba de aceite, filtro de aceite, tuberías de aceite

Tavola
Quadro 9
Tabla

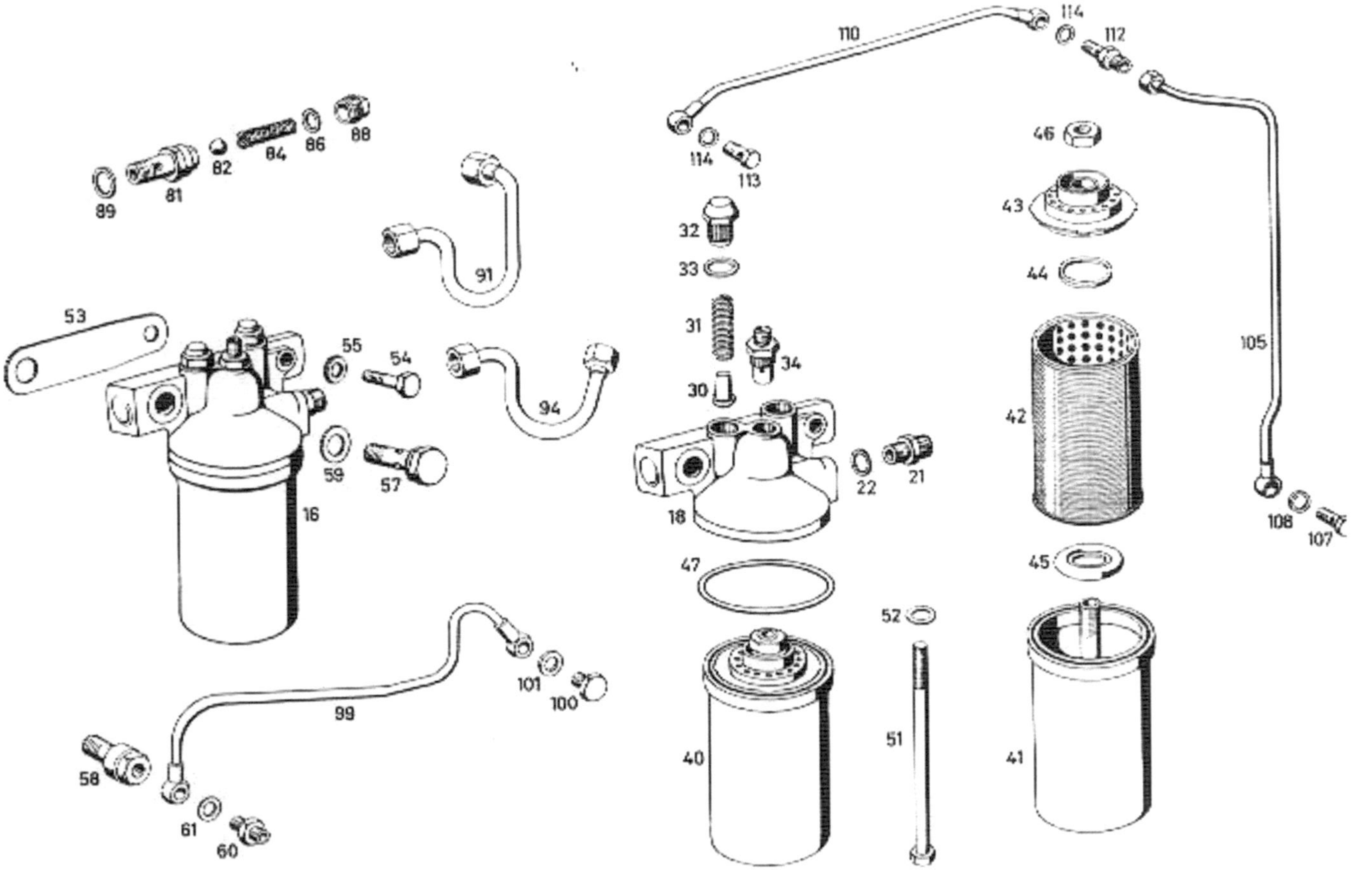